# 虹色球団

## 日拓ホームフライヤーズの10カ月

長谷川晶一

柏書房

Flyers
50
21
40
2
26
28

チーム集合写真。場所はわからないが、神社らしき背景である。
最前列中央の人物が西村昭孝オーナー（写真提供・高橋直樹氏）

球界を代表するバッターとしてチームを引っ張った張本勲

スラッガー・大杉勝男(左)とエース・金田留広(東映時代)

高橋直樹のノーヒットノーランを祝福する田宮謙次郎監督と岡村浩二捕手

守りの要としてチームを支えた大下剛史

球団唯一のタイトルホルダー（新人王）となった新美敏。後方は土橋正幸監督

プロ二年目、確かな手ごたえを感じ始めていた千藤三樹男

日拓ホームフライヤーズ
西村オーナーと選手を励ます

「西村オーナーと選手を励ます会」にて手締めをする東映・
岡田茂社長(中央)。その左隣は西村オーナー

球団身売り発表当日、オープン戦に向かう新幹線車内の
土橋監督(右)と張本。その心中は果たして……

『虹色球団』証言者たち――

大下剛史氏

張本勲氏

加藤俊夫氏

新美敏氏

千藤三樹男氏

高橋直樹氏

猿渡寛茂氏

阪本敏三氏

福本万一郎氏。手にしているのは
ノンプロ日拓のユニフォーム

大室勝美氏

小嶋武士氏

小坂敏彦氏

七色のユニフォームに身を包む選手たち。右から張本勲、新美敏、渡辺秀武、宮崎昭二、高橋直樹、三浦政基、土橋正幸監督。後方の看板に「ニッポンハム」の文字が見えるのが、何とも暗示的だ(写真提供・高橋直樹氏)

虹色球団　日拓ホームフライヤーズの10カ月　目次

装丁　平野甲賀

# 序章

# 映画『仁義なき戦い』と東映フライヤーズ

映画『仁義なき戦い』製作発表会見。経営不振にあえぐ東映はこの作品に社運を賭けていた……

# 七二年末、若手経営者たちの密談

一九七二（昭和四十七）年も暮れようとしていた。

創業安政《あんせい》元年の老舗《しにせ》料亭・亀清楼《かめせいろう》。東映《とうえい》・岡田茂《おかだしげる》社長の口調が熱を帯びる。それを聞いているのは財界で台頭しつつあった若手実業家たち。こうした集まりはすでに何度か行われており、店の名前を取って「亀清会」と呼ばれていた。

この会は、日本《にっぽん》精工・今里廣記《いまざとひろき》社長を囲む会として発足。伊藤園《いとうえん》・本庄正則《ほんじょうまさのり》、丸井《まるい》・青《あお》井忠雄《いただお》、角栄《かくえい》建設・角田式美《かどたしきみ》、三共《さんきょう》開発・河村三郎《かわむらさぶろう》、赤札堂《あかふだどう》・小泉一兵衛《こいずみいちべえ》、日本《にっぽん》熱学工業・牛田正郎《うしだまさお》ら、財界で注目を集めていた若手社長が定期的に集まり、親睦を深めていた私的会合でもあった。この会を実質的に取り仕切っていたのが、雑誌「経済界」の主幹・佐藤正忠《さとうせいちゅう》。さらに、東急《とうきゅう》エージェンシーの前野徹《まえのとおる》だった。佐藤と前野の多彩な人脈によって、誰を招くか、誰を呼びたいか、参加メンバーが決定していた。

亀清楼での一次会が終わり、一同は銀座へと流れていく。二次会はジュン、三次会はゴンドラ。いずれも、それぞれのメンバーがひいきにしていた高級クラブだった。

この日、岡田には胸に秘めた「ある思い」があった。

東映初代社長であると同時に、ＮＥＴ（現・テレビ朝日）初代会長であり、日本で初めて長編アニメを作った男として知られる大川博《おおかわひろし》は、前年夏に肝硬変で急逝《きゅうせい》していた。大の野球好きで、プロ野球球団・東映フライヤーズのオーナーとしても知られる大川の後を受け、東映の二代目社長に就任したのが岡田だった。

岡田の口調が次第に激しくなる。耳を傾ける若手財界人たちの中には日拓《にったく》ホーム社長・西村《にしむら》昭孝《あきよし》の姿もあった。六五年に創業し、破《は》竹《ちく》の勢いで業績を伸ばしていた「日拓観光」は、ちょうどこのとき、「日拓ホーム」と社名を変更したばかりだった。西村は神妙な面《おも》持《も》ちで岡田の話に聞き入っている。

この日、岡田が話していたのは「東映フライヤーズ売却」についてだった。

映画産業の斜陽化は歯止めがきかないところまで来ていた。

前年の七一年には東宝《とうほう》が分社化を中心とした大胆な合理化政策を断行。専属俳優の大量解雇に踏み切っていた。また、永田《ながた》雅一《まさいち》率いる大映《だいえい》が倒産。一方では、「アクション路線」で隆盛を誇っていた日活《にっかつ》も「ロマンポルノ路線」への転換を余儀なくされていた。

こうした状況下で、東映もまた存亡の危機に直面していた。

大川の急逝により、経営再建を託された岡田にとって、喫緊《きっきん》の課題は経営の健全化、つまりは大規模な合理化政策の実現だった。手始めに労働者不足から毎年多額の負債を計上していたグループ会社でタクシー業の「東京タワー交通」を処分することを決めた。七二年二月に営業停止を決め、五月末には解散を実行するという早業《はやわざ》だった。

また、前社長である大川博の子息・毅が主導していたボーリング場「東映ボウル」も一気に縮小する。空前のボーリングブームは、すでに収束していた。

さらに、三億円近い累積赤字を抱えていた東映動画の合理化にも着手していた。そして次なる一手は赤字球団・東映フライヤーズを第三者に売却することだった。

岡田が球団売却の意思を持っていることを、事前に佐藤は承知していた。岡田茂という人物にほれ込んでいた佐藤は、何とかその思いに報いたいと思っていた。

だからこそ、この年最後の亀清会において、「東映フライヤーズ売却」を参加メンバーに打診してみようと考えていたのだ。

翌七三年の年明けには社運を賭《か》けた新作映画の公開を控えていた。そのタイトルを『仁義なき戦い』という。

岡田は必死だった。本気だった。

＊

一方、六五年の会社設立以来、急成長を遂げていた日拓観光改め、日拓ホームの西村昭孝が、この頃もっとも欲していたのが企業イメージの向上と知名度アップだった。

いくら業界内の風雲児として名を馳《は》せていたとしても、まだまだ一般的な知名度は皆無に等しかった。さらにこの年、七二年春には強引な販売姿勢が問題となり、朝日新聞に「いんちき商法」と告発されてもいた。西村にとって、企業イメージの向上と知名度アップは、喉から手が出るほど必要なものだった。この二つの課題を一挙に解決する最善策として、かねてから西村は球団経営に色気を見せていた。

すでに六九年にはノンプロチームを発足させており、野球チーム運営については並々ならぬ意欲を持っていた。七二年十二月には「日拓観光」から「日拓ホーム」へと社名を変更したばかり。新たな旅立ちを前に、何か話題となる出来事を必要としていた。

幸いにして業績は順調だった。「週刊ダイヤモンド」による「72年版・日本の会社ベスト1000」では、七一年申告所得十七億五千三百万円で四百七十七位にランクインしていた。ときは田中角栄《たなかかくえい》内閣による「日本列島改造論」の影響で、空前の土地ブームが起こる直前のことだった。

「仲介業だけでは限界がある。これからさらに発展していくためには、デベロッパーとして、造成販売に力を入れなければならない」

西村の目論見《もくろみ》はまんまと当たった。まだまだ安価だった那須《なす》の未開の土地を安く手に入れ、リゾート地として売り出せば面白いように売れた。売り上げはまだまだ伸びるだろう。西村の鼻息は荒かった。

業界内では「西村昭孝士官学校」と称されるほどの猛烈商法で台頭していた。その強引なスタイルは、先に挙げたように「いんちき商法」として批判されることもあった。

それでも、業績は面白いほど伸びていく。まだまだ手綱《たづな》を緩めるつもりはなかった。創業以来、慣れ親しんだ社名を変更し、業界内で確固たる地位を築きたい。前年の七一年には西武新宿駅前の土地、建物を四億円で購入。本格的にレジャー業界への進出も目論んでいた。

西村もまた必死だった。本気だった。

＊

東映フライヤーズ、終焉《しゅうえん》のときは近づいていた。

九州の名門チームだった西鉄《にしてつ》ライオンズはつい二カ月前に消滅し、すでに太平洋《たいへいよう》クラブライオンズと名称を変えていた。老舗鉄道会社が球団を手放し、レジャー業界で名を馳せる太平洋クラブにネーミングライツを与えていた。

一方、かつて球団を所有していた松竹《しょうちく》、大映に続いて、プロ野球球団を保有する最後の映画会社となっていた東映も万策尽きていた。この窮地を救うべく、空前の土地ブームの中で新たに日拓ホームが球団運営に名乗りを上げようとしていた。

こうして、リーグ存亡の危機を迎えていたパ・リーグの命脈もかろうじて保たれる。止まりかけていたプロ野球界の歯車が、少しずつ動き始める。

七二年が、ようやく暮れる。波乱の予兆をはらみながらついに暮れる。

パ・リーグの新しい歴史が始まろうとしていた——。

# 第一章

# 揺らぐ東映フライヤーズ
# ——一九七二年秋

東映の初優勝を背番号100のユニフォームで祝う大川博オーナー。
これを頂点に、以降球団成績・経営ともに下降線をたどり始める

## 新興映画会社「東映」の球界参入

一九五一（昭和二十六）年、東横《とうよこ》映画、太泉《おおいずみ》映画、東京映画配給の三社を合併して、後発の映画会社として誕生したのが東映だった。

三社のうちの一つ、東横映画は国家総動員法が公布された三八年に渋谷地区の繁栄を目的に設立された。東京横浜電鉄（現・東京急行電鉄）の子会社として映画館経営からスタートし、終戦後の四七年から映画製作を開始するものの、なかなかヒット作に恵まれずに苦境にあえぐ日々が続いていた。

一方の太泉映画は、東横映画のような東急資本ではなく、まったく独自の系統だった。元々は太泉スタヂオという名義の貸スタジオとして発足。やがて自主映画を制作するようになったが、こちらもヒット作に恵まれずに多額の負債を抱えていた。後にこのスタジオは東映の東京撮影所に姿を変えることになる。

そして東京映画配給は、東横映画と太泉映画が提携し、自主配給を目指して設立されたが、先行する大映、松竹、東宝、さらに後発の新東宝《しんとうほう》と五社による競争激化の中で業績を悪化させており、経営は火の車だった。いずれも業績不振で多額の赤字を計上していた三社が合併して誕生したのが東映だった。資本金は一億七千万円。誕生したばかりであるにもかかわらず、三社の負債総額は十一億円にも達していた。

ちなみに、東映映画のオープニングの代名詞である三つの岩にはじける波濤《はとう》、そして浮かび上がる三角のロゴマーク。ここで登場する三つの岩と三角マークはそれぞれ東横映画、太泉映画、東京映画配給の統合と結束をイメージしていると言われている。

戦前から続く老舗《しにせ》の日活、大映、松竹、東宝と比べれば、吹けば飛ぶような経営基盤だった。それでも、戦後六年を経て誕生した新興映画会社、それが東映であり、このとき初代社長となったのが東急専務で経理畑出身の大川博だった。

中央大学卒業後、鉄道院（のちの鉄道省）に入局した大川は、自他ともに認める計数管理のプロフェッショナルだった。やがて、鉄道省の先輩である東急グループトップの五島《ごとう》慶太《けいた》にヘッドハンティングされ、四二年に東京急行電鉄に入社。ここでも経理のプロとして台頭し、五一年には東急副社長に就任。同年、東映が誕生すると、五島の命を受けてときを同じくして東映の社長になった。当時のことを大川は自著『この一番の人生』（実業之日本社）で述懐している。

東横映画、太泉映画、東京映画配給という、それぞれ始末に困る札付きのボロ会社をニッチもサッチもいかないまま、三つ合わせて超大ボロ会社に仕立て上げようというのだから、その首脳責任をうけたまわる社長のイスは、むずかしく、おそろしく、全くありがたくないものだった。

しかし、東急グループのドンである五島は譲らない。大川の前掲書から引用する。

「三社はこの際、合同させて一本化する。新社長にはどうしても君以外にはない。適任不適任は問うておれぬ。君がキッパリ引受けて、男らしく立派に始末をつけるか、つけないかの問題だ。君としてもこいつをやりとおすかどうかで、ほんとうの事業家になれるか、なれないかの瀬戸ぎわに立つものといえる。とにかく東急としては、もうこのままでは、ほうっておけない」

五島さんにこういわれると、私には、もう何も返す言葉がなかった。

さらに大川には、「球団オーナー」としての顔もあった。

戦後すぐの四五年秋に発足したセネタースは、翌四六年からプロ野球チームとしての第一歩を踏み出した。しかし、すぐに経営基盤は揺らぎ、同年オフには東急グループに身売り。東急フライヤーズとして再スタートを切ることになった。

このとき、同球団のオーナーに抜擢《ばってき》されたのが当時、東急の経理部長だった大川博だった。四六年十月、東急の下にセネタース買収計画がもたらされ、その任に当たったのが大川だったからだ。元来、スポーツに関心はなく、野球にも特に興味はなかった大川だが、球団買収には積極的だった。

戦後の荒廃《こうはい》。人々の心に希望の光をもたらすものはスポーツであり、高校、大学、社会人野球に続く、「もう一つの野球」であるプロ野球こそ、敗戦に打ちひしがれる国民に勇気と希望を与えることができるのではないかと考えたのだった。

また、連合国軍最高司令官総司令部（GHQ）の指示により、労働組合の結成、それに伴う過激な運動が活発化していたことも、大川の決断の後押しをした。後に大川は自著『この一番の人生』において、この頃のことを回想している。

当時の東急も労働攻勢の激しい時代だった。一万四、五千人もの従業員を擁する東急は、戦後急激にひろまった労働攻勢の伸びる〝場〟として、絶好だったかもしれない。ちまたには赤旗がたなびき、労働歌がみちみち、共産革命がすぐそこまできている錯覚すらあったときである。

こうした事情を考えたとき、私は心にきめた。

「よし、プロ野球をやろうじゃないか（後略）」

球団権利金二十四万円を含めて、合計三十五万円での球団譲渡。大川はご満悦だった。このとき、従来までの「セネタース」を「フライヤーズ」と命名したのも大川だった。

ＦＬＹＥＲＳ（ＦＬＩＥＲＳ）——。

辞書を引けば、そこには「飛ぶもの、飛行家、急行列車、跳躍」とあった。大川はこれを「雄飛、飛躍」と広義に解釈し、「新しい出発に、飛躍を期する意味で〝フライヤーズ〟にしよう」（前掲書）と決めたのだった。

しかし、大下弘《おおしたひろし》というスターはいたものの、チームは弱く、東急フライヤーズは誕生早々に赤字経営を余儀なくされていた。

そして四八年には、かねてから球界参入に色気を見せていた「永田ラッパ」こと永田雅一率いる大映と合併し、「東急大映野球」を結成。チーム名を急映フライヤーズと改称したものの、こちらも長続きはせず、翌四九年には再び東急フライヤーズに戻している。

このとき、永田は「合併」ではなく「買収」を希望し、東急サイドも一度は了承していた。しかし、これを食い止めたのが大川だった。球団の実務を取り仕切っていた猿丸元《さるまるげん》に向かって大川は言う。改めて、自著『この一番の人生』から引用したい。

「東急はいま一万四、五千人以上の従業員がいる。その人たちに〝東急フライヤーズ〟は心のよりどころになっているんだぞ。話題の中心なんだ。野球の話をするときは、みんなインターを歌うのも忘れて、明るい顔をほころばせているじゃないか。敗戦後の殺バツな気分が、いまようやくぬぐい去られようとしているんだ。いわば、〝心の灯台〟じゃないか。猿丸君、なるほど金銭的には赤字かもしれない。しかし、フライヤーズを失うことは無形の損失になるんだ。このへんをよく考えてくれ」

大川の訴えにより、買収の動きはなくなり、合併に落ち着くことになった。しかし、ワンマンで有名な永田が、自分の意のままにならない「合併」で満足できるはずもなく、四八年十二月には金星《きんせい》スターズを買収して、大映スターズを結成。フライヤーズのライバル球団となることで、本格的に球界への参入を果たしたのだ。

一方、結成以来、何かとトラブル続きのフライヤーズではあったが、人気選手、実力派選手ももちろん在籍していた。

代名詞となった「青バット」で大人気を誇っていた大下弘が豪快な一発を放ち、初代エース・白木《しらき》義《ぎ》一郎《いちろう》が力投を見せ、後に「月に向かって打て」のフレーズで大杉勝男《おおすぎかつお》を育てて名を馳《は》せる飯島滋弥《いいじましげや》、あるいは「天才二塁手」と称された苅田《かりた》久徳《ひさのり》、「和製ディマジオ」こと小鶴誠《こづるまこと》ら、実力派選手はいたものの、なかなかチーム成績には結びつかなかった。

こうした状況下で五〇年には二リーグ制がスタートする。

セ・リーグ八球団、パ・リーグ七球団の全十五球団が新生プロ野球球団として誕生し、フライヤーズはパ・リーグに参画するも、七球団中六位に終わった。このとき、大川はパ・リーグ初代会長を務めることになる。

翌五一年から五三年まではいずれも六位。浮上のきっかけはなかなかつかめなかった。チーム力は上がらず、観客動員も低迷していた東急フライヤーズが東映フライヤーズと名称変更したのは五四年のことだった。この年から新たに高橋《たかはし》ユニオンズが誕生。すでに六球団制に移行していたセ・リーグを尻目に、パ・リーグは八球団制で再出発を果たした。

このとき、フライヤーズの親会社だった東急は、グループ会社である東映に球団譲渡を決めた。もちろん、東映の社長は大川だ。すでにチームに愛着を抱いていた大川は、継続してフライヤーズ経営を受け入れ、五三年に完成したばかりの駒澤《こまざわ》野球場には足しげく通った。大川にとって、すでにフライヤーズはなくてはならないものになっていたのだった。

チーム結成からわずか十年。チームは常に低迷し、混乱していた。

そんな状況下で誕生したのが東映フライヤーズだったのである。

## 名将・水原茂の監督就任。そして六二年、悲願の日本一に

セネタース発足からおよそ十年の間はなかなか球団運営は安定しなかった。

しかし、東映フライヤーズと名称を改め、大川博が本腰を入れて球団経営に乗り出したことで、ようやくプロ野球チームらしくなっていく。

前年秋に完成したばかりの駒澤野球場を本拠地として使用するようになる一方、試行錯誤《しこうさくご》を繰り返しながら少しずつ戦力を整えていくのだ。

五四年には、後に「ミスターフライヤーズ」と称される毒島章一《ぶすじましょういち》が入団。同年シーズン中からレギュラーをつかみ、俊足巧打の外野手として台頭する。

翌五五年には土橋正幸《どばしまさゆき》が入団。東京・浅草生まれの土橋は軟式野球出身という異色の経

歴を持っていた。実家近くのストリップ劇場「浅草フランス座」チームの助っ人《すけと》として参加した読売旗争奪軟式野球大会で優勝。プロテストを経ての入団だった。入団三年目となる五七年にプロ初勝利を完封で飾ると、五八年には二十一勝をマーク。一気にリーグを代表するエースの座まで上り詰めた。

さらに、才能あふれる若き選手の入団は続く。

五六年には浪華《なにわ》商業から「ケンカ八郎」こと山本八郎《やまもとはちろう》、五九年には同じく浪華商業から、後に「安打製造機」としてプロ野球史に数々の偉業を打ち立てることになる張本勲《はりもといさお》が入団。少しずつ、後に「駒沢の暴れん坊」と称される個性的なチームが形作られていく。

こうした地道な戦力補強が花開いたのが、東映フライヤーズと名称を変えてから九年目となる六二年のことだった。

前年の六一年に名将・水原茂《みずはらしげる》を招聘《しょうへい》して二位に躍進。巨人の監督を退任したばかりの水原を口説き落とし、チームに招き入れたのも大川の手腕だった。

激しい優勝争いを演じた末、あと一歩及ばなかった前年を受け、「今年こそ」の思いで臨んだ六二年には浪商を中退して入団したルーキーの尾崎行雄《おざきゆきお》がいきなり二十勝をマーク。「怪童」のニックネームにふさわしい大車輪の活躍を見せた。さらに、エースの土橋も十七勝を記録。先発はもちろん、リリーフ登板も厭《いと》わずにマウンドに上がり続けた。

尾崎、土橋に続いて、プロ八年目の久保田治《くぼたおさむ》も十六勝で存在感を示し、最優秀防御率のタイトルを獲得した。また、怪童・尾崎の陰に隠れてはいたものの、早稲田大学から入団したルーキー・安藤元博《あんどうもとひろ》も十三勝を挙げ、盤石《ばんじゃく》の投手王国を築いた。この年の個人投手成績を見ると、防御率部門のベスト5に、実に四人の東映投手陣が名を連ねている。

一方の打撃陣では、三番・毒島、四番・張本、五番・吉田《よしだ》勝豊《かつとよ》のクリーンアップを中心にそつのない攻撃を見せて、強力投手陣を援護した。

この年のフライヤーズは開幕六連勝から始まり、五月六日時点では二十一勝三敗という驚異的な開幕ダッシュに成功。二位の西鉄ライオンズに早くも8・5ゲーム差をつけて独走し、圧倒的な強さを見せつけて九月三十日に優勝を決めた。

都内の自宅で待機していた大川は初優勝の連絡を受けると、集まった報道陣のリクエストに応じて、事前に用意していた背番号《100》のユニフォームに身を包んで記念撮影に収まった。その夜、水原監督をはじめとする選手たちは大川の自宅に集《つど》い、自宅の庭で祝勝会に興じた。このとき、大川はこんな談話を残している。

「日本の美として松がある。松は風雪にさらされながらも、その毅然《きぜん》とした姿を残す。松の美しさは、こうした苦しみを耐え抜いたところにある。東映フライヤーズも、これからいよいよ年輪の美しさを出していかなくてはなるまい。そこに〝日本一〟のタイトルを守る大道がある」

こうして臨んだ阪神《はんしん》タイガースとの日本シリーズでは、第七戦までもつれたものの、四勝二敗一分けで見事に撃破。球団創立以来初となる日本一に輝いた。

まさに、「苦しみを耐え抜いた」フライヤーズが大輪《たいりん》の花を咲かせた瞬間だった。

しかし、これが球団オーナーとしての大川の絶頂だった。翌年以降も、東映は五年連続でAクラス入りするものの、あと一歩及ばずにペナントを手にすることはできなかった。

そして、球界を激震させる「あの事件」が、東映を直撃する――。

## 東映を襲った「黒い霧事件」、そして大川の死……

六九年の球界は「黒い霧《きり》事件」に揺れに揺れた。

十月八日付の報知新聞が一面でスクープする。

### 永易（西鉄）公式戦で八百長
### 球界初の永久追放

同様の記事は、同日付の読売新聞にも掲載され、この日から球界は一気に騒然とする。

その後、次々と続報が流され、「敗退行為を行った」として、何人もの実名が報じられることとなる。そして、その中に、東映の森安敏明《もりやすとしあき》と田中調《たなかみつぐ》の名前もあった。

六六年の入団以来、四年連続で二ケタ勝利を挙げていた森安。一方、同郷の水原茂監督からの誘いを受け、六三年に香川・高松高校から東映に入団し、六五年から六七年にかけて三年連続で二ケタ勝利を記録していた田中。いずれも、チームの主力投手であっただけに、そのダメージは大きかった。

すぐに、大川オーナー自ら当該二選手に事情聴取をして収束に努めるものの、双方の言い分はまちまちで事態の完全解明には至らなかった。その後、コミッショナーから、森安は永久追放処分、田中は厳重戒告処分を受けた。一連の出来事は「戦力ダウン」であるのはもちろん、日本一も経験して、ようやくプロ球団としての体《たい》をなしつつあったフライヤーズに対するファンの不信感を招くこととなった。

水原監督の下、張本、毒島、大杉、白仁天《はくじんてん》、大下剛史《おおしたつよし》など、個性的なメンバーが奮闘して常にAクラス入りをしてきた東映も、六八年に大下弘が監督に就任すると、後に悪い意味で伝説となる「三無主義」を掲げて、チームは結成以来初となる単独最下位に沈んだ。ちなみに「三無」とは、「門限なし、罰金なし、サインなし」という斬新《ざんしん》なものだった。

当時、入団二年目の若手だった大下剛史が「三無主義」を振り返る。

「《三無》なんて、それは嘘《うそ》よ。サインがない野球なんてあるわけがない。単なる話題作りに決まっとろうが。そもそも、それは大下さんの発案じゃない。現役時代の大下さんのイメージから、〝新生・フライヤーズはサインのない豪快な野球をする〟という大川オーナーのアイディアを、人のいい大下さんが忠実に実行しただけのこと。……いや、忠実に実行すればまだよかったんだ。でも、実際にサインはあった。実際はそれなりに細かい野球もやっていた。言っていることとやっていることが違う。だから、あんな無茶苦茶だったんよ」

成績不振の責任を取ってシーズン途中で大下は辞任。飯島滋弥が代行監督となった。さらに、黒い霧事件騒動に揺れた翌六九年は松木《まつき》謙治郎《けんじろう》が監督就任するものの、急性胃炎のためシーズン途中で神谷《かみや》定男《さだお》が代行に就任。続く七〇年は体調不良から復帰した松木で開幕を迎えたが、これもシーズン半ばで田宮《たみや》謙次郎《けんじろう》にバトンタッチ。

相次ぐ監督交代劇、フライヤーズが揺れていた。

混乱するフライヤーズに、さらに追い打ちをかけたのが大川博の死だった。

七一年八月十七日、かねてより体調不良を訴えていた大川は、この日肝硬変により逝去《せいきょ》する。享年《きょうねん》七十四。志《こころざし》半ばでの死だった。このとき、大川の後を継いでフライヤーズの二代目オーナーとなった息子・毅のプレッシャーは大きかった。

オーナー就任の意気込みを聞かれた毅は言う。

「父の遺志を継いで、フライヤーズは絶対に身売りはしません！」

そして、八月二十四日の大々的な社葬が終わった翌二十五日、臨時取締役会を経て、東映・二代目社長の座に就いたのが、後に「映画界のドン」と呼ばれることになる当時常務の岡田茂だった。

映画産業が急激に斜陽化する中で、それでもフライヤーズに愛着を持ち続けていた大川とは正反対に、岡田はそもそも球団経営には懐疑的な立場にあった。

元々、当時は関連会社だった東急グループが所有していたフライヤーズを、大川の強い意思で受け継いだのが東映だった。しかし、すでに東急グループとの縁は切れている。球団所有による知名度アップも、とうの昔に実現していた。

もはや、球団を持つメリットは何もない。毎年、赤字を垂れ流し続けるフライヤーズは、経営改革を進める新生・東映において、まったく無用の長物だった。岡田の決断は早かった。水面下で多くの経営者たちに売却打診を始めることとなった。

そこには、雑誌「経済界」を主宰する佐藤正忠の尽力もあった。さらに、岡田に目をかけていた東急グループ総帥・五島昇《のぼる》の口添えもあった。

経済界の顔役たちが、人知れず水面下で動き始めていた――。

## 二転三転する、「東映身売り」報道

この頃、西鉄ライオンズの身売り問題も水面下で本格化していた。

このとき、西鉄が売却先として照準を定めていたのが、日本ペプシコーラだった。日本マーケットにおいて、先行するコカ・コーラに出遅れていたペプシコーラは、国内でのシェア拡大に向けて注力していた。

スポーツ大国アメリカの大企業であるペプシコーラ。プロスポーツ球団を所有することのメリットは十二分に理解していた。もちろん、海外資本100パーセントの外資系企業が球団保有することは日本の野球協約に抵触する。しかし、日本ペプシコーラは日本法人であるため、西鉄買収に関しては何も問題はなかった。

パ・リーグ各球団からの全権委任を受けていたロッテ・中村長芳《なかむらながよし》オーナーは岸信介《きしのぶすけ》の秘書時代からペプシのケンドール会長と面識があり、球団売却をアプローチしてみたところ好感触を得た。

こうして、交渉は極秘裏に進んでいたものの、七二年十月十九日付東京中日スポーツは身売り先を検討している西鉄が、日本ペプシコーラの他にパイオニアも売却先候補として視野に入れていることを報じる。

西鉄の売却問題もまた予断を許さない状況にあった。

そして翌二十日付になると、東京中日スポーツの三面に「東映も身売り説」と大々的に報じられたのだ。

## 西鉄→ペプシコーラ？ 東映→パイオニア？

二十日の早朝に報じられたこの記事が、さらなる混乱の引き金となった。

当時、中村の右腕であり、後に西武ライオンズ、福岡ダイエーホークスの球団代表を歴任することになる坂井《さかい》保之《やすゆき》によれば、「ペプシサイドの感触も良好で、売却交渉は順調に進んでいた」という。しかし、この買収劇は実現しなかった。この日の「東映も身売り説」という記事が原因となったのだ。坂井は言う。

「ペプシサイドには、〝あなた方が、混乱するパ・リーグを救うんです〟と説得していたのに、たとえペプシが西鉄を買収したとしても、いまだパ・リーグの混乱は続くことが明らかになってしまった。こうして、ケンドール会長の中で〝我々が救世主になるはずではないのか？〟という疑念が生まれてしまったんです」

この日の夜、ペプシサイドから中村の下に国際電話が入る。

「買収交渉を白紙にしたいという電話でした。これですべてを一からやり直すことになったのです」（坂井）

翌二十一日付の東京中日スポーツには、西鉄ライオンズの日本ペプシコーラへの売却が破談に終わったことを伝える一面の片隅に「東映もギブアップ」と見出しが打たれた。二面にその内容が具体的に報じられている。

## 涙の身売り宣言
### 大川オーナー　無念ですが、ご理解を

二十日、東京・丸の内のパレスホテルで行われたオーナー会議終了後、東映・大川毅オーナーは、東映不動産会議室に集まった報道陣を前に切り出した。

「パイオニアに、球団のすべての経営面を買い取ってもらうつもりです……」

それまではマスコミから逃げるようにコメントを避けてきた毅の腹は、すでに決まっていた。日本を代表する音響機器メーカーのパイオニアに、フライヤーズを売却するべく交渉していることを認めたのだ。報道陣の質問に対して、淡々と心中を吐露《とろ》していく。

「……実は四、五年前からずっとチームの危機を感じていました。それが、ここまで延びたのは何とか今一度、《強い東映フライヤーズ》の姿を見たかったからです。だから昨年、〝チームを手放そう〟と考えたときも、〝いや、もう一年勝負をかけてみよう〟と、踏みとどまりました……」

しかし、状況が改善することはなかった。報道によれば、この時点でのフライヤーズの累積赤字は十億円を超えていたという。こうした窮地に陥った要因を毅は分析する。

「まずは、レジャーの多様化によって、《見るスポーツ》から、《やるスポーツ》に変わったこと。そして、親会社にマスコミを持たないパ・リーグならではの悲劇であること。さらに、阪急《はんきゅう》を独走させて、競り合うチームが他になく、ペナントレースの魅力を減じさせてしまったこと。最後に、選手の年俸がうなぎ上りで収支のバランスがとれなくなったこと。こうしたさまざまな要素が原因となって、ここまでの惨状を招いてしまいました……」

毅の指摘は正鵠《せいこく》を射たものではあった。しかし、それはパ・リーグの他球団も同様の条件下である以上、すべては空《むな》しく響くだけだった。

この日の東京中ロスポーツには「大川オーナーは、パイオニア側の〝色よい返事〟に自信があるようだ」と記されている。実際に、岡田社長をはじめとする東映経営陣の間でも「パイオニアへの売却」は既定路線として、楽観視する向きもあった。

しかし、前述したようにこの日の夜、「西鉄・ペプシ」は破談に終わっている。今度は、西鉄と東映との間でパイオニアをめぐる攻防が始まろうとしていた――。

＊

パ・リーグの救世主と目されていたペプシコーラに代わって、ここで新たに注目を浴びることになったのがパイオニアだった。

しかしこの間、パイオニア・石塚庸三《いしづかようぞう》社長は一貫して、プロ野球界への参入について「よほどの勇気がいる」と慎重姿勢を崩していない。マスコミに対して石塚は言う。

「プロ球団など、表面の華やかさに比べて、収入は意外に少ない。十二球団の収入一年分がうちの会社の半月分ぐらいだ」

この時点で、球界再編のキーマンはパイオニア・石塚社長だった。

ペプシへの売却がご破算《はさん》となった西鉄はパイオニアへの接触を図っていた。パイオニアをめぐる西鉄と東映との見えない綱引きは続くかと思われた。しかし、翌二十一日にはこの状況にあっさりと終止符が打たれる。

石塚を中心にパイオニア社内で行われてきた議論の結果、「本業の業種から考えると球団経営はあまりにもデメリットが多すぎる」と判断され、球団買収を断念する決定が、正式に下されたのだった。

「うちとしてはプロ野球の経営に乗り出す考えははじめからない。パイオニアの製品は大衆向けじゃないし、球団を持っても宣伝効果はあまり期待できない」（松本望《まつもとのぞむ》会長）

「球団経営というのは大変な仕事でとても片手間では出来ないし、本業の方がおろそかになってしまうというのが断わった理由だ。これでわが社が球団経営に乗り出すという話はいっさいなくなったと解釈してもらってよい」（石塚社長）

ペプシに続いて、パイオニアとの交渉も不調に終わった西鉄売却問題。混乱が続くパ・リーグにおいて、ますます東映の存続問題は不透明なものとなっていく——。

## 「身売り断念」からの急転直下

東映フライヤーズは存続するのか、しないのか？

選手たちの間にも動揺が走る中、十月二十三日には川崎の多摩川グラウンドで秋季練習が始まった。この間も、東映・岡田社長は、ヤクルトアトムズの松園尚巳《まつぞのひさみ》オーナーと会談を持つなど、精力的に関係各所に働き掛けを続けていた。

そして二十七日、ついに西鉄売却騒動に一応の決着がつくこととなる。

ロッテ・中村長芳オーナー自ら、福岡野球株式会社を設立し、西鉄を買収するという超ウルトラCを敢行したのである。他球団と異なり、この会社は頼るべき親会社を持たず、中村の私財を中心に設立されたものだった。そこで中村は、この頃レジャー開発で急成長を遂げていた太平洋クラブをスポンサーとして、球団名を「太平洋クラブライオンズ」とすることで、資金援助を受ける約束を取りつけたのだ。

かつて、経営難に苦しむ高橋ユニオンズがトンボ鉛筆に「名義貸し」を行い、「トンボユニオンズ」となったように、後の世で言う「ネーミングライツ」を行ったのだ。

これを受けて中村はロッテのオーナーを辞し、新生・ライオンズのオーナーへと転身することになる。ずっとくすぶり続けていた一リーグ制移行の可能性は小さくなり、七三年シーズンも二リーグ制で行われることが濃厚となった。

当然、東映サイドも新たな対応を迫られることとなった。同日夜、東京・杉並の自宅で岡田はマスコミの問いに対して、次のように答えている。

「パ・リーグが来年も六球団でやれるということなら東映は喜んで参加する。その場合、うちは現体制でいくことになろう。他に身売りを考えるとかはしないし、フロントも現行で進むだろう」

事実上の「身売り断念」宣言だった。

翌二十八日には東京・銀座の東映本社に田沢八十彦《たざわやそひこ》球団代表を呼び、岡田は「来季のビジョンを提出せよ」と命じている。これを受けて、田沢は三十日から田宮謙次郎監督以下、すべての首脳陣、選手たちと個別に話し合うことを決めた。翌三十一日には、田沢代表がパ・リーグを訪問。岡野祐会長《おかのたすく》に「球団存続」を表明している。

この日以降、マスコミ報道も「東映フライヤーズは存続」という論調が多くなっていく。

十一月二十一日には第八回ドラフト会議が行われた。

東映はＰＬ学園から日本楽器に進み、都市対抗優勝の立役者であり、橋戸賞《はしど》を獲得していた新美敏《にいみさとし》を一位指名し、入団契約を済ませていた。

七三年シーズンに向けて、東映フライヤーズは着々と態勢を整えているように見えた。

しかし、岡田の胸の内にはまだ球団売却の意思は残っていた。

この期《ご》に及んでもなお、岡田は水面下で売却先を探していたのだ。そして、その努力は、見事に結実することになる。七二年も押し迫った十二月四日、岡田は、若手経営者が集う亀清会に出席する。

そしてこのとき、東映・岡田と、日拓ホーム・西村昭孝の思惑《おもわく》は見事に一致。球団売却の動きは一気に加速することになる――。

第二章

# 日本を拓く
## ——風雲児・西村昭孝

西池袋・日拓本社の入るビル(1973 年当時)。
急成長の背景には空前の土地ブームがあった

## 台湾生まれの元警察官

一九三二（昭和七）年、後に日拓ホームフライヤーズのオーナーとなる、西村昭孝こと傳《でん》昭孝は台湾台北《タイペイ》市で生まれた。「傳」という名字は新潟に多いと言われている。

父は日本国籍を持つ傳卯一《ういち》、母は台湾国籍を持つ蘇阿梅。本籍地は新潟県関川村にあったが、祖父が憲兵として台湾にわたって以降、一家は台北で生活をしていた。

終戦後の五〇年に台北州立台北商業を卒業後、日本に引き揚げ五二年に警察学校に入学。卒業後の五四年に東京・府中署の警察官となった。

やがて昭孝は、中国語が堪能《たんのう》なことを買われて、本庁の外事課に異動する。当時の本庁には「デンちゃん」と呼ばれていた先輩がいたため、体重50キログラム足らずの小柄な昭孝は「小デン」と呼ばれることになった。

府中署時代には真面目な仕事ぶりが評判で、署内での評価は高かったという。当時の同僚は昭孝について、「ドロボウを捕まえるのなんか、とてもうまかった」（「週刊新潮」七三年二月一日号）と振り返っている。

交番勤務をしていた頃、古山という老巡査がいた。長年にわたって真面目に働き続けた彼が手にした退職金は七十万円だった。この金額に昭孝は衝撃を受けたという。

（何十年も真面目に働いて、ようやく手にする退職金がわずか七十万円なんて……）

そして、彼は決意する。

（このまま働いたとしても、よくて署長までだ。もっと大きな挑戦をしてみたい。自分の力でどこまでやれるのか？　もっと大きな挑戦をしてみたい……）

地方警察の「署長」では満足できないほどの野心を持った男、それが西村昭孝だった。こうして、彼は警察官を辞することを決意する。五七年、昭孝が二十五歳のときのことだった。

警察官を辞《や》めた後、彼が頼ったのは父・卯一だった。父が経営していた大一商事という不動産会社でセールスを始めることにしたのだ。

東京・中目黒を拠点とする町の不動産屋で経験を積んだ昭孝は六一年には弟・傳敏三《としかず》が勤めていた栄家興業に転職。不動産仲介業と建て売りの営業マンとして働いた。

そして、「傳という名字は中国人と間違われて不都合が多いから」という理由と、「弟と混同される恐れがあるから」という理由で、それまでの「傳」を改め、「西村」と名乗るようになったのも、この頃のことだった。

ここでも、昭孝の仕事ぶりは群を抜いていた。たとえば五百万円の物件を売った場合、担当セールスマンには三十万円の歩合《ぶあい》給が支給されたが、彼の歩合給は突出しており、入社直後には営業課長に昇進。すぐに自家用車も購入した。

さらに昭孝は大京観光へ転職。転職の理由について本人が後に振り返る。

「大京に魅力を感じたのは、別荘を扱っていたからなんです。僕は、これだと思いましたよ。僕は、これからは別荘だと考えていたんです。だから栄屋《ママ》の社長にも、別荘をやれとさかんにすすめたんですが、ついにあそこはやらなかった」（「現代」七三年四月号）

しかし、昭孝が大京観光に籍を置いていたのはわずか半年足らずだった。

六五年には栄家興業時代に知り合った河村三郎、そして弟の敏三とともに新会社・三共開発を設立する。ちなみに「三共」とは、河村、敏三、そして昭孝の「三人で共に盛り立てよう」という思いを込めたものだった。

しかし、このときも昭孝はすぐに退社を選択する。後に女優・有馬《ありま》稲子《いねこ》と結婚して話題となる河村を三共開発会長に、弟・敏三を社長に据えるとともに、自身は新会社を設立するのである。

これまでの経験で昭孝は確信していた。

不動産業はデベロッパーでなければならない――。

自ら土地を持ち、自社で土地を造成して建物を作って販売する。この一連の流れをすべて請け負うことで、莫大な利益を生み出すことが可能となる。単なる「仲介業者」として、手数料目当てで仲介だけをしていたのでは利益もたかが知れている。ならば、デベロッパーとして徹底的に邁進《まいしん》していくだけだ。

そこで目をつけたのが別荘であり、那須という広大な未開の地だった。

「マイホームですら高嶺の花なのに、別荘なんか売れるはずがない」

自身を冷笑する声も、もちろん耳にしていた。しかし、昭孝は確信していた。

これからは必ず別荘が必要な時代がやってくる――。

そのためには、自分の理念を実現できる組織作りが必要だ。そして、その思いを具現化したのが、東京・西池袋に設立した新しい会社だった。


**「弟も大将、ボクも大将ではぐあいが悪い。かといって、弟に出て行け、とはいえん。だからボクが飛び出したんだ。だってボクは一人でやる自信があったもん」**

（「週刊サンケイ」七三年二月九日号）


彼が興した新会社は「日拓観光」と命名された。

日本を拓《ひら》き、日々を拓く――。

当時三十三歳、西村昭孝のフロンティアスピリッツを象徴するようなネーミングだった。

## 急成長を遂げる日拓グループ

「別荘業界において、日拓はトップになる」

そんな思いでスタートした日拓観光。社員は三十名に満たず、電話一本、自動車一台でスタートした会社だったため、重要なことは何から何まで昭孝自身が行った。

それをサポートする形で、結婚したばかりの光子夫人も会社の受付をはじめとして、ありとあらゆる業務を手伝っていた。

日拓観光の主な業務内容は土地のあっせん販売だった。委託販売は行わず、銀行からの借金も含めた自己資本を中心に、すべて自らが買い上げた土地を販売していた。舞台となったのは、軽井沢に続く、新たな避暑地として注目を集めていた那須だった。

一坪数百円で仕入れた未開の地を造成して、当初はそれを千五百円程度で販売していた。昭孝自ら鎌を持って草刈りに励む日々が続いたが、空前の「土地ブーム」の到来時期と重なって、すぐに坪三万円ほどにはねあがった。田中角栄首相による「日本列島改造論」が話題となる直前のことだった。

この頃の昭孝の口癖は、「必ず日本にも別荘時代が訪れる」というものだった。大都市の公害が社会問題として注目を浴びつつあったこの頃、当然、人々の目は大都市から自然あふれる郊外に移っていくことだろう。

彼には確信があった。手元に金はなくとも、借金をすることはまったく厭《いと》わなかった。

やがて、会社が軌道に乗るとともにセールスマンを次々と増やしていき、販売規模をどんどん拡大していく。一躍、不動産業界の風雲児として注目を集め始めた昭孝の経営スタイルは、しばしば「西村士官学校」「モーレツ経営」などと称された。

毎週月曜、朝八時に朝礼が行われていた。ＢＧＭは「軍艦マーチ」。各課、各係ごとに整列して、社訓を全員で唱和する。

——誠実な行動、完全な販売、迅速《じんそく》な処理。

続いて、前週の成績発表と同時に、優秀者への表彰、上役からの叱咤《しった》激励が全社員の面前で行われる。

セールス先からは午後一時、二時、そして四時の電話を義務づけた。

「財布のひもを握っている者を狙え」「夕食時を狙え」「雨の日を狙え」と独自の営業テクニックを徹底的に刷り込んで、ノルマを達成できないものには罵声《ばせい》が飛んだ。

社内は学歴無用だった。営業成績が優れている者には惜しみなく報奨金を与えた。社内組織、そして個人のランキングを明確にし、社内間競争を激化させることに努めた。

業績が拡大していくにつれて、積極的に社員を募集した。大手新聞に「業務拡大につき五十名募集」などと、大々的に広告を打った。

入社後は一カ月にわたる研修期間を通じて、「西村イズム」を注入していく。

特別講師には、作家であり、中尊寺《ちゅうそんじ》の貫主でもある今東光《こんとうこう》、六四年の東京オリンピック・女子バレーの監督を務めた大松博文《だいまつひろふみ》、私大出身者としては初となる警視総監・秦野章《はたのあきら》、あるいはボクシングの世界チャンピオン・ファイティング原田《はらだ》など、話題となっていた大物を次々と呼んで、新入社員を圧倒した。

新入社員に対して、昭孝は常に「三つの大切なこと」を伝えていた。

「社会人としての第一歩を踏み出す際にはスタートが肝心だ。〝オレはやるんだ、できるんだ、成長するんだ〟ということを常に自覚してほしい。そのためには、三つの大切なことがある。まず第一に〝慣れない〟ということ。常に新しい視野を持って仕事に当たらないといけない。第二に〝不平不満を言わない〟ということ。創業間もない日拓観光は欠陥だらけかもしれないし、会社も決して現状に満足しているわけではない。会社が伸びていくことによって、自分も成長するんだという考えを持って、大いに能力を発揮してほしい。そして第三として、〝仕事については陰ひなたなくやる〟ということ。一時的なごまかしはできても、これから五年、十年、二十年と仕事をしていくにはごまかしはきかない。人生というのは、人から評価されるものではなく、自分自身で評価するものなのだ――」

七二年七月に第一次田中角栄内閣が発足。その直前となる六月に出版された『日本列島改造論』によって、空前の土地ブームが訪れようとしていた。

時代の追い風も、昭孝に吹いていた。

六五年秋に設立した日拓観光は不動産業だけではなく、レジャー産業にも進出する。都内各所にレストランや喫茶店、立ち食い蕎麦《そば》屋を次々と出店。いずれも成功に導いていた。

七一年には西武新宿駅前の土地、建物を四億円で購入。パチンコ屋を開業して、大ヒットを飛ばしていた。本体の日拓観光だけではなく、不動産、土地開発関連だけでも「日拓商事」「中央興産」「日拓不動産」「日拓建設」などがあり、他にも貸しビル、レストラン、マンモスバー、パチンコ屋などを経営する「パシフィック・レジャー」など、関連会社も増えていく。後に昭孝は自らの「不動産哲学」を次のように語っている。

「丸井は月賦の百貨店だが、私にいわせれば不動産業だ。駅のそばという場所を獲得することで商売している。ボウリング場だって、不動産業の見地に立つべきだ。いい場所につくれば必ずもうかる。工場だって、高速道路に近いなどいい場所でなければいけない。オール不動産なんだ。私がやっているソバ屋もパチンコ屋も西武新宿駅前とか、要するにいい場所でやっており、不動産業の一環なんです」

（「サンデー毎日」七三年二月四日号）

さらに、鼻息の荒い発言は続く。

「いまの日本経済は金が金を生むようになっている。十億借りても金利はわずか一割、たいしたことじゃない。いくら借金しても立地条件のいいところで商売すればモトがとれる。出す金を惜しむより銀行から借りて還元することを考えるべきだ」

（前掲誌）

昭孝の強気な経営手腕もあって、日拓観光は目覚ましい発展を遂げることとなる。創業八年目となる七二年にはすでに資本金二億円、授権資本は八億円となり、年商は百二十億円。社員総数は千二百名となっていた。

事業内容も多岐にわたっていた。

観光地、別荘地、住宅団地及び宅地の造成並びに分譲はもちろん、土地測量、家屋調査、土地建物の鑑定評価、建設の設計、施工。あるいはビル管理、宅地建物取引全般など、ありとあらゆる業種に及んでいた。

さらに、前述したように多角化経営にも積極的で、ゴルフ場、ホテル、ドライブインの経営。レジャー施設、スポーツセンター、ボウリング場、卓球場、サウナ風呂、ゲームセンターも展開していた。もちろん、飲食業、バー、キャバレーなどの風俗業、旅行あっせん業など、幅広く手がけていた。

時代の寵児《ちょうじ》ともてはやされつつあった昭孝にとって、怖いものは何もなかった。

## 「いんちき商法まかり通る」報道

しかし、急成長の陰では小さなひずみも生じていた。

発端は七二年三月のことだった。日本消費者連盟創立委員会が発行する「消費者リポート」(七二年三月二十七日号)という小冊子に「喜劇の台本そっくり」と題された記事が掲載された。副題には「インチキ別荘地売り付け」とあり、「日拓建設元社員の告白」と添えられている。

ここで問題となっていたのが日拓による強引な販売スタイルだった。

悪の手口はセールスマン募集から始まる。あらゆる新聞の広告欄に毎日のように大きな広告を出す。初任給も高いから安心して応募してくる。一年に千人入社するが、また千人は辞める。普通の会社なら大問題だが、ここでは、そのほうがありがたい。なぜなら、新入社員は即お客さまなのだ。つまり、親類縁者の全名簿を提出させ、それらに売りつけさせるのだ。

以下、記事の概略を説明すると、前述したような研修期間を通じて、「利殖のためにこの土地を買わないヤツはバカだ」と自然に考えるように新入社員を洗脳する。洗脳された社員は、まず親類縁者にセールスをする。それが終わると、社用車をフル稼働して高級住宅街を回って飛び込み営業をするのだ。そこで、少しでも土地に関心のありそうな客を見つけると、夜討ち朝駆けで徹底的に追い詰める。

「銀行預金では年五分五厘。土地は五年持つと、少なくとも五倍になる。火事にもならず、泥棒も持っていきません。安全有利な最高の利殖は当社のこの土地です」

客の心をつかみ、「現地見学」の約束を取りつけた後は、徹底的なもてなしを行う。

いよいよ当日の朝には、玄関にデラックス車をピタリ。上野駅からは黒磯までグリーン車に乗せる。車内では貴賓《きひん》扱いだが、現地に近づくにつれて、もっぱら土地の話に切替える。そしていよいよ那須高原が見えてくると、ひとつ芝居を打つ。

ここでいう「芝居」とは次のようなものだ。

セールスマンの上司である日拓の課長が偶然、車内に乗り合わせていたことにして、客の前に現れる。そして、これから見学する土地について、「道路は未舗装だ」「草ぼうぼうだ」など、いくつかの欠点を告げた後に、「しかし、これから東北縦貫道が開通する」とか、「工場進出の可能性がある」とか、「地価上昇の可能性はとても高い」と告げるのだ。

しかし現地に行くと、課長の発言とは裏腹に、道路は舗装され、雑草はきちんと刈り取られている。一度、マイナスイメージを植えつけられていた客は、この時点で「意外と整備されているじゃないか」と考えるのだという。

黒磯駅にはピカピカの黒ぬりのセドリックが待っている。現地には直行せず、一流のホテルへ。まず風呂。いっしょにはいって背中を流す。上がると超デラックスの酒食。飲めや歌えやでもてなす。気の弱い人はここでダウンしてしまう。

お客を現地に連れていくときは絶対に直行しない。那須御用邸など観光コースを通って〝目を回して〟からいよいよ現地へ。現地には別荘なんか一軒も建っていないが、「何々様別荘用地」の看板の林立。これはお客の到着寸前に立てて回わる場合もある。

このような一連の戦略を称して、「消費者リポート」は「喜劇の台本そっくり」と表現したのである。

こうした、「反・日拓」報道はさらに続いた。

四月二十四日付朝日新聞夕刊が「いんちき商法まかり通る」というタイトルで、大々的にこの問題を取り上げたのである。


最近、売込みのさかんな別荘地の分譲に詐欺まがいのいんちき商法が横行している。電気もひけなければ、水も出ない山林、荒れ地を「値上りしたら、責任をもって転売してあげます」という約束つきなのに買主が転売を申出るころには、当のセールスマンはクビになっていて行方《ゆくえ》不明。会社も「そんな約束は知らぬ」と逃げる――というのがその手口。衆院の物価問題特別委員会でもこのほどとりあげられ、建設省は被害の実態がわかり次第、免許取消しなどの処分をする方針を決めた。公正取引委員会もウソつき表示の疑いが濃い、として調査に乗出した。


記事中には「日拓」の文字はなかったものの、新聞報道を見た顧客たちからの問い合わせが日拓本社に殺到した。同時に、記事に登場する日本消費者連盟の電話も鳴りっ放しとなり、係員が総出で対応に追われることとなった。

しかし、ここから昭孝の対応は迅速だった。

新聞掲載後の翌二十五日、彼は日本消費者連盟に自ら電話をかけるのである。

このとき、昭孝が指摘したのは、造成費は坪三百円ではなく、どんなに安くとも六千円はかかること。粗利益《あら》は50パーセントであること。どんな土地でも簡易舗装は行い、排水溝もついていることなどを指摘した。

そして、昭孝は概略、以下のようにつけ加える。

「元セールスマンの告白だけで間違ったことを載せるのでは営業妨害になるのだから、慎重に裏づけをとってからにしてもらいたい。セールスマンの中にはケンカして辞めた者もいるのだから。そして、〝違約金を三割取る〟と書いてあるが、我が社は一度も取ったことなどない。契約書に、〝契約後は解約、転売引き受けはいたしません〟となっているから、解約ということはない。年商百二十億円もの仕事をしていれば、何件か事故はある。契約後の解約申し出も二、三あってそれは全額返している。とにかく公平に書いてもらいたい」

日本消費者連盟への抗議が終わると、続けて昭孝は、被害を訴えている購買者に自ら電話をかけている。

「海外出張であなたの手紙を読むのが遅れました。現在、緊急役員会を開いて対策を検討しています。この仕事を七年間やってきて、改めるべきところもあります。悪いことをしてブタ箱に入っている課長もいます。とにかく二十七日に伺って、直接ご説明したい」

そして、実際に昭孝は被害者の下を訪れている。直接、謝罪をした上で契約額に一割上乗せして引き取ることを約束したのだ。そして、翌日には社員が小切手を届けている。

二十四日の夕刊でトラブルが発覚し、翌二十五日に電話対応し、二十七日には昭孝自ら謝罪。二十八日には一件落着している。その後、解約を申し出ている客に対しても同様の対応策を取り、事態の鎮静化を図り、それは一応の成果を見せている。

まさに、社訓の一つである「迅速な処理」を自ら実践したのだ。これもまた、「西村流モーレツ経営」の一端なのかもしれない。

## ノンプロ設立、そしてプロ野球界へ参入

トラブルの火種を抱えつつも、日拓の業績は右肩上がりを続けていた。

不動産業界においては「業界の風雲児」として注目を浴びる機会も増え、経済界の要人たちとの交流も始まっていた。

そしてこの頃、彼は本業とは別に新たな試みにもトライしている。

それが、ノンプロチームの結成だった。

六九年春、日拓は社会人チームを発足させている。元々、社内にあった軟式野球チームを母体として、このときから本格的に硬式野球チームとしてスタートすることを決めた。

さらに、有望選手を獲得するために大々的なセレクションを行ったのもこのときだった。

しかし、新興チームに名門校出身の実力ある選手が簡単に集まるはずもなく、当初は高校生が中心の若いチームだった。

茨城・土浦日大高校の大室勝美《おおむろかつみ》はプロ志望だった。しかし、身体も小さく、高校時代に目立った成績を上げていたわけではなかったので、系列校である日本大学に進学して、技術を磨こうと考えていたところ、野球部監督から思わぬ提案を受けた。

「今度、日拓という会社が新しいチームを作るそうだ。もしよかったら、テストを受けてみたらどうだ？」

突然の提案を受けて大室は困惑した。なぜなら、「ニッタク」という会社のことを何も知らなかったからだ。それでも、大学に入学すればプロ入りが四年後となるが、社会人野球で活躍すればもっと早くプロに入れる可能性も出てくる。大室に迷いはなかった。

テスト会場に行ってみると、自分と同じ高校生が多かった。遠投をして、走力計測、バッティング、シートノックなど、ひと通りのテストをクリア。難なく合格を決めた。

一年目は、まだまだ都市対抗を狙えるレベルにはほど遠かった。

それでも、練習場を持たぬ若いチームは、各地のグラウンドを転々と間借りしながら練習を続け、少しずつチームとしての体裁を整えていく。

創部二年目以降になると、大学選手の入団も増えてくる。

大東文化大学からは衛藤雅登《えとうまさと》が入団し、すぐにチームの大黒柱となった。あるいは神奈川大学からは小林一夫《こばやしかずお》が加わった。俊足を誇る小林の加入によって攻撃のバリエーションが格段に広がった。

また、他のノンプロチームからは、頼れる経験者が加わることにもなった。日鉱日立《にっこうひたち》からは捕手の鴨川清《かもがわきよし》、静甲《せいこう》いすゞからは福本万一郎《ふくもとまんいちろう》が入団。鴨川は強肩でコントロールのいいスローイングを持ち味にしていた。一方の福本は打たせて取るピッチングが武器の技巧派投手だった。

創部初年度から日拓に参加していた大室は言う。

「初年度と比べると、年々チームとして強くなっていくのを感じました。最初は都市対抗なんて、まったく狙えるレベルではなかったけど、あっという間に都市対抗で何とか戦えるぐらいのレベルにはなっていましたね」

元々は右打ちだった大室は、ノンプロ時代に左打ちを練習してスイッチヒッターに転向。チームが強くなるに連れて、大室の実力も向上していた。

七一年の秋から日拓に加わったのが福本万一郎だった。

福島の須賀川《すかがわ》高校から、ノンプロのオール常磐に入団するものの、チームは解散。監督の勧めもあって、静甲いすゞに移籍する。しかし、本人曰《いわ》く「野球観の違い」もあって、自らチームを去る決意をした。

「それまでのチームでは、都市対抗で勝つことを目標にずっとやってきました。でも、静甲いすゞの場合はそうではなかったんです。監督と野球観が違うと続けていくのは難しいんだよね。それでチームを去ることにしたんです」

チームを去ったものの、福本には移籍先のあてはなかった。そこで声をかけてくれたのが鶴岡一人《つるおかかずと》の息子・鶴岡泰《やすし》だった。後にＰＬ学園の監督となり、チームを初優勝に導くことになる山本泰だ。

「鶴岡さんは元々、日本楽器にいたんです。僕は対戦相手として日本楽器戦で投げたことがあるし、補強選手として日本楽器に加わって都市対抗にも出ているんです。そうした縁もあって、鶴岡さんから誘われました。鶴岡さん自身も、このときちょうど日拓に移籍するタイミングだったんです。それで、〝オレも日拓に行くから、お前も来い〟となって、僕も日拓入りすることになりました」

このとき福本は、オール常磐時代の後輩である鴨川清にも声をかけ、彼もまた日拓に移籍することが決まった。

高校からすぐに入団して経験を積みつつあった大室や、大学からチーム入りしてめきめきと台頭していた小林、衛藤らに加えて、ノンプロ経験者の福本や鴨川らも加わった。

少しずつではあるものの、着々と陣容を整えながら、日拓観光はノンプロチームとしての体《たい》をなしていくのである。

しかし、社会人野球の中でもある程度の存在感を示せるようになっていた七三年新春。チームを揺るがす、いや、日本中をアッと驚かせる一大事が勃発《ぼっぱつ》する。

日拓ホームのプロ野球界への参入である。

七三年一月、西村昭孝率いる日拓ホームは、東映フライヤーズの買収を電撃発表する。

それは、球界を激震させる大ニュースだった――。

# 第三章
# 日拓ホームフライヤーズ誕生
# ——一九七三年初春

1973年1月、東映グループの新春パーティーにて。
右から西村オーナー、大杉、張本、岡村、田宮監督

## 橋戸賞ルーキー・新美敏の困惑

一九七二（昭和四十七）年十一月二十一日――。

この日行われた第八回ドラフト会議で、都市対抗優勝の立役者にして、橋戸賞を獲得していた日本楽器の新美敏は東映フライヤーズから一位指名された。新美がその知らせを聞いたのは世界アマチュア野球選手権が行われていたニカラグアだった。

ドラフト直前のことだった。大会に同行していた共同通信記者のインタビューに対して、プロ志望の新美は次のように答えた。

「意中の球団は特にありません。ずっとプロに行きたいと思っていたので、どこに指名されてもプロには行くつもりです。ただ……」

小さく微笑《ほほえ》みながら、新美は続ける。

「別にどこでもいいんですけど、身売りをするようなところだけはちょっと……」

十月には西鉄ライオンズが消滅し、太平洋クラブライオンズと名称を変えていた。また、同時期には毎日のように東映フライヤーズの「身売り報道」が新聞紙上をにぎわせていた。

一応、岡田茂東映社長も、田沢八十彦球団代表も、「身売りはない」と断言して、「球団存続」を宣言していた。この発言を受けて、七二年シーズンオフの訪れとともに、くすぶり続けていた「東映身売り」報道は沈静化の兆《きざ》しを見せていた。

それでも、これからプロ選手としての第一歩を踏み出すにあたって、先行き不透明で経営基盤が安定していない球団だけは避けたいというのが本音だった。

しかし、皮肉なことにその東映から一位指名を受けた。

ニカラグアから帰国後、新美は自分のことを報じている新聞記事を見て驚いた。

——東映は十二球団でもっとも嫌いなチームです。

そこまで過激な発言などしていなかったけれど、内心では（やっぱり、行きたくないな……）という思いは拭《ぬぐ》えなかった。かつて、新美はPL学園卒業時に南海《なんかい》ホークスから「二位で指名したい」と話があったものの、「まだ自信がない」という理由で断っていた。しかし、社会人で活躍し、自信をつけていたこのときは「今度こそプロに行きたい」という思いが強かった。一応、親会社の社長も、代表も「身売りはしない」と明言しているのだから、その言葉を信頼してプロに行こう。新美はそう決めていた。

ドラフト指名直後の二十三日には本人不在のまま、球団スカウトが地元の熊本県宇土《うと》市を訪れ、両親に指名のあいさつを済ませていた。契約金の上限は一千万円だったが、その数倍を手にする約束も取りつけていた。

十二月九日、新美がニカラグアから帰国するとすぐに田宮謙次郎監督自ら熊本を訪れ、本人に直接交渉をした。

「君の力がぜひ必要だ。新美君はノンプロナンバーワンのピッチャーだし、根性も相当あると聞いている。金田《かねだ》（留広《とめひろ》）とともに、うちの柱になって、先発、リリーフとフル回転して、思う存分投げまくってくれないか」

田宮の直接交渉は奏功した。彼の熱意にほだされた新美は東映入りを決意する。

こうして迎えた十二月二十五日、新美は銀座の東映本社で入団契約を結び、記者会見を行った。この日は他に、ドラフト二位・三浦政基《みうらまさき》（愛知学院大学）、同三位・相本和則《あいもとかずのり》（キャタピラー三菱）、同四位・江田幸一《えだこういち》（東京ガス）、同六位・新屋晃《しんやあきら》（照国高校）も出席。プロへの第一歩を踏み出すこととなった。

完全に「身売り」への不安が払拭《ふっしょく》されたわけではなかった。それでも、球団関係者から「身売りは絶対にない」と断言されれば、その言葉を信じるしかなかった。

記者会見の席上、新美の隣には東映・岡田茂社長が座っていた。社会人ナンバーワン投手の入団が正式決定し、岡田の表情は柔らかかった。

翌二十六日には、正式に日本楽器を退社した。社内では、社員みんなが自分のプロ入りを祝ってくれた。エレクトーン生産課に勤務していた新美は、工場長に促《うなが》される形で、全員の前であいさつをした。

「今度、東映フライヤーズから一位指名を受けました。ここでの仕事はあんまりしなかったし、決して真面目な社員ではなかったですけど、野球で頑張ったから許してください（笑）。プロの世界でも一生懸命に頑張ります」

二年間のサラリーマン生活は初めて経験することの連続だった。毎朝九時から正午までの短い勤務時間ではあったものの、当時三百六十万円もする高級品だったエレクトーンを作るのは楽しかった。中学を出てすぐに工場勤務をしている年下の女性たちに仕事を教わりながら足鍵盤を作るのは、慣れないながらも楽しい日々だった。

しかし、午後から始まる野球部の練習はそれまでに経験したことのないハードなものだった。ＰＬ学園時代にも、それなりに厳しいトレーニングに耐え抜いてきた自負はあったが、ここでの練習はその比ではなかった。すぐに音《ね》を上げたくなるような基礎トレーニングには辟易《へきえき》としていた。それでも、確実に実力が向上しているという実感があった。

そして都市対抗で優勝し、橋戸賞を獲得。満を持してプロの世界に飛び込むことを決めた。経営母体に多少の不安は残るけれど、自分にできることはグラウンドで実力を発揮することだけだった。

そんな決意をしていた矢先の出来事だった。翌二十七日付の日刊スポーツ一面は東映フライヤーズがメインを飾った。

**東急　フライヤーズを吸収**

東京急行電鉄株式会社（東急）が東映フライヤーズを吸収合併することになった。新球団の名称は「東急・東映フライヤーズ」（仮称）で、来春一月十五日ごろ正式発表される。東急は十一月二十日、赤字続きの東映フライヤーズに対し、来年から経営のバックアップを引き受けていたが、このほど東急・五島昇―東映・岡田茂両社長の話し合いで、球団経営を全面的に東急が行なうことに決まったものである。東急が球団を経営するのは二十九年以来、十八年ぶり。オーナーには大川毅氏に代わって、東急・五島昇社長が就任するものとみられる。これで揺れ動いたパ・リーグは東急・東映、ロッテ、太平洋クと三チームが経営を一新、来シーズンのフレッシュなリーグ戦が期待される。

経営合理化を目指す東映・岡田社長にとって、「球団存続」を発表したものの、「一刻も早く球団を売却したい」という思いはずっとくすぶっていた。

元々は東急系列であり、子会社でもあった東映にとって、東急のバックアップは何よりも心強いものだった。ドラフト一位の新美に対して、規約以上の契約金を支払うことができたのも東急の後ろ盾《だて》があればこそだった。

この日の日刊スポーツには「〝祖父と孫〟の間柄」という見出しが躍っている。東急と東映の関係が「親子」だとしたら、東急とフライヤーズの関係を「祖父と孫」と表現したのである。

しかし、フライヤーズにまつわる波乱はこれでは終わらなかった――。

## 亀清会――若き財界人たちの集い

十二月二十五日の入団会見で「球団存続」を再度強調していた東映・岡田茂ではあったが、内心ではまったく別のことを考えていた。

入団会見の三週間前、十二月四日に話はさかのぼる。

この日、若き財界人たちの私的会合「亀清会」において、岡田は日拓ホームの西村昭孝社長にフライヤーズ売却を打診し、好感触を得ていたのだ。

年の暮れを迎えた銀座にはジングルベルが鳴り響いている。

若手経営者たちが三軒目に立ち寄ったクラブ・ゴンドラでの議論は、ますます白熱していた。隣に座るホステスたちの存在をまるで無視するかのように、ある者は熱く語り、ある者は真剣に耳を傾けている。岡田が球団売却の意思を持っていることを知って、この日初めて亀清会に参加した日本熱学工業・牛田正郎社長が口を開く。

「どうだい、それではここにいるそれぞれが二年、三年くらい交代で、東映球団を持ったらどうかな？」

牛田が提案したのは球団所有の「輪番制《りんばん》」だった。それは、数年ごとに各社が持ち回りで球団を運営するという斬新《ざんしん》なアイディアだった。当然、既存球団の関係者からは反発を受けるだろう。しかし、彼らはプロ野球界の住人ではなかった。旧弊や慣習にとらわれる男たちではなかった。この言葉を受けて、丸井・青井忠雄社長も大きくうなずいた。

「それはいいアイディアかもしれないな」

牛田はノンプロ・エアロマスターのオーナーであり、丸井もかつてはノンプロチームを有し、後に東映のスターとなる大杉勝男が丸井に在籍していたという縁もあった。

このやり取りを黙って聞いている西村に向かって、牛田は続ける。

「……おい西村君、幸い君には実力はあるし、金もあるけれども、残念ながら名声がない。ここでどうだ、さしあたり君が球団を持ってみたら」

西村は驚いた表情を浮かべている。青井が牛田の意見に同意する。

「なるほど、これはいいアイディアだ。ねぇ、西村さん……」

居住まいを正しながら、西村は青井の言葉を待つ。

「……今、西村さんはノンプロチームを運営していますよね。ノンプロの経営にしたって、年間で七千万から八千万はかかるはずです。仮にプロチームの運営が年間に二億円だとして、あと一億二千万円出せば済む問題だ。西村さん、これはメリットがありますよ。プロ球団を持ってみたらどうですか？」

黙って、このやり取りを聞いていた東急エージェンシー・前野徹も口を開く。東急グループ総裁・五島昇の懐刀《ふところがたな》として名を馳《は》せていた前野と、「経済界」の佐藤正忠は古くからの交流があり、亀清会の中心メンバーでもあった。

「西村君、これはいいことだよ。ぜひ球団を持ってみたらどうだ？」

強力な援軍を得て、佐藤の口調にも力がこもる。

「どうかね、西村君……」

この場に残った亀清会のメンバーすべての視線が西村に注がれる。口を閉ざしたままの岡田の眼光は鋭い。実質的にこの会を主宰している佐藤、前野もじっと見つめている。牛田も、青井も、熱い視線を送っている。

沈黙が辺りを支配する。静寂を破ったのは西村だった。

「……じゃあ一つ、球団を持ってみましょうか」

ホステスそっちのけで進む男たちの密談は、こうして一応の結論を見た。

何としてでも再建を目論《もくろ》む大手映画会社の新社長。そして、急成長を続ける新興の不動産会社の青年社長の邂逅《かいこう》。一方は経営再建のために赤字球団の売却を望み、一方は知名度アップのために球団経営を望んだ。

当時四十八歳の東映・岡田茂と四十歳の日拓・西村昭孝。期せずして、それぞれの若き経営者たちの思惑《おもわく》は一致したのだ。


その後、十二月中に岡田と西村は何度か事前交渉を行ったという。

そこで球団譲渡の詳細が話し合われ、条件面での合意が形成されていく。もちろん、そこには東急・五島昇の計らいがあった。

こうした水面下でのやり取りが続いている中で、岡田は「新入団会見」に臨み、「身売りはない」と対外的にアピールをしていた。

だからこそ、事態が表面化するまでの岡田の発言は歯切れの悪いものばかりだった。前述の七二年十二月二十七日付の日刊スポーツには岡田の一問一答が掲載されている。


──東急にフライヤーズ経営を委譲するニュースが出ているが…

岡田　現在、五島社長が非常に忙しいうえに、風邪をひいていらっしゃるようなので会っていないが、私としては東急との関係について二つの案を持っている。
――二つの案とは？
岡田　まだ発表する段階ではない。年を越したら五島社長と話し合いたい。（言葉を選ぶように）
――東急・東映フライヤーズが誕生するということか。
岡田　ウーン……。それも場合によってはありうるかもしれない。とにかく一緒にやるということは間違いない。

この時点で岡田は含みを持たせた発言をしている。

――いつ結論を出すのか？
岡田　来年の一月の第一週、遅くとも二週目までには出したいと思っている。ただ現在、私の頭の中で検討していることは、二つの案から派生して、たくさんある。五島社長と会って、これらをいろいろな角度から話し合い、検討し直さなければならない。話し合いは慎重にやりたいが、結論は早く出したい。

このときすでに、岡田の頭の中には「日拓」の存在が色濃く滲《にじ》んでいたはずだ。

こうして、彼の言う「来年の一月の第二週」がやってきた――。

## 『仁義なき戦い』公開と、東映フライヤーズ売却

一九七三年が訪れた――。

前年、パ・リーグを襲った混乱は一応の決着を見たかのように思われていた。

東映のルーキー・新美敏は故郷の熊本で自主トレに励んでいた。入団までのごたごたはあったけれども、東急の全面的バックアップを得て「東映存続」が決定した以上、野球に集中するつもりでいた。本来の実力さえ発揮すればプロで通用する自信はあった。だからこそ、例年以上に真剣にトレーニングに取り組んでいた。

プロ九年目を迎えて円熟期に差しかかっていた大杉勝男も、「ホームラン王奪回」を期して、静岡の昭和カントリーでの自主トレに燃えていた。この年からパ・リーグで導入されることが決定していた「前後期制」に向けて、「これまではピークを夏場に持っていくようにしていたけれど、今年は最初から飛ばしていく」と意気込んでいた。

また、前年は二十勝十二敗で最多勝に輝いていた金田留広は、兵庫の神戸明石ゴルフ場で汗を流していた。「今年も二十勝したい」という思いを胸に、起伏の激しい山岳コースをひたすら走り続けた。

一方、プロ二年目を迎えていた千藤三樹男《せんどうみきお》は、恩師である早稲田大学・石井藤吉郎《いしいとうきちろう》監督

が仲人を務めて結婚披露宴《ひろうえん》を行い、さらなる飛躍を期していた。「絶対にレギュラーを獲るぞ」という強い決意とともに、新婚旅行もオフまで先延ばしにすることを決めていた。

それぞれが、それぞれの意気込みを持って、来るべき七三年シーズンを迎えるべく準備をしていた。

＊

東映本社の勝負作『仁義なき戦い』の公開が迫っていた。

それまでの「任俠路線《にんきょう》」に見切りをつけ、新たに「実録路線」に活路を見出そうとしていた。その陣頭指揮を執っていたのが岡田だった。

すでに曲がり角を迎えていた任俠路線に終止符を打ち、「次はアクション物以外にない」と新たな道を模索していた頃、岡田の下に「週刊サンケイ」編集長の小野田政から「面白い獄中記がある」と連絡が入った。

それは、広島の暴力団抗争の当事者である美能幸三《みのこうぞう》の手になる獄中記だった。元組長である美能の文章は実に生々しく、得も言われぬ迫力があった。それまでの任俠映画では「ヤクザの俠気」や「ヤクザの美学」を描いていたが、この獄中記は現代ヤクザの生き様、抗争のすさまじさが赤裸々に描かれていた。

ここに岡田は活路を見出した。

すぐに映画化権を獲得すると、この獄中記を基に「週刊サンケイ」で連載されていた飯干晃一《いいぼしこういち》の原作を笠原和夫《かさはらかずお》が脚本化、深作欣二《ふかさくきんじ》がメガホンをとることを決めた。

ハンディカメラを多用し、あえてブレた映像でスピード感と迫力を与えられた抗争シーンは、さらなるリアリティを生み出すこととなった。主演を務めた菅原文太《すがわらぶんた》の野性味あふれる演技はまさに適役だった。まったく新しいヤクザ映画の誕生。任侠路線とは正反対の実録路線に岡田も手応《てごた》えを覚えていた。

公開は一月十三日と決まった。公開前から新聞広告には煽《あお》り文句が大々的に掲載される。

**'73新路線！血しぶきあげる《実録》シリーズ第1弾**

惹句《じゃっく》にも強い意気込みが感じられるフレーズが並ぶ。

**鋭い閃光を放つ**
**銃口とドスに**
**釘づけにされる一〇一分！**
殺しの手口、暴力場面の凄まじさ
《ゴッドファーザー》《バラキ》から
話題はいっきに日本の《仁義なき戦い》へ！

こうして満を持して誕生したのが、深作欣二を監督に起用した『仁義なき戦い』だった。

すぐに大ヒットシリーズとなり、東映の窮地を救うことになるとは、この時点ではまだ誰も知らなかった。

ちなみに、この新聞広告の片隅には、おなじみのロゴマークに並んで、「映画は東映・野球も東映」というキャッチフレーズが添えられているが、この時点で岡田はすでに球団売却を決めており、秋口から何社にも声をかけ、そのたびに断られていた。

そして、まさに、『仁義なき戦い』の公開初日である一月十三日、銀座東急ホテルにて岡田は日拓の西村と球団売買に向けた最終調整を行っている。前年末の亀清会で進んだ球団売却話は隠密裏にとんとん拍子に進んでいた。そして、東急・五島昇の立ち合いの下、大筋で合意を見たのがこの日だった。

社運を賭《か》けた映画の公開日と、十八年間に及んだフライヤーズとの決別が、期せずして同じ日となったのだった。

翌十四日、そして十五日、細かい条件面での最終調整もつつがなく進んだ。

岡田にとって売却額や諸条件は問題ではなく、「首尾よく球団を手放すこと」が第一命題だった。一方の西村にとっては、本業の業績が好調であるからこそ、知名度アップ、企業イメージの向上はまさに手に入れたくて仕方のないものだった。その二つを同時に実現するための手段として、球団経営は渡りに船の提案だった。

さらに、日拓ホームでは七三年末に向けて新機軸としてプレハブ住宅を大々的に売り出すことを決めていた。球団を持つことは、新プロジェクトを成功させるためのＰＲ効果も期待できた。両者の思惑は見事に一致していた。
最初に報じたのが読売新聞だった。隠密裏に進めていた売却話だったが財界筋から情報が漏《も》れ、それを読売新聞がスクープしたのだ。

**「東映」日拓に身売り**
**プロ野球へブームの土地会社**
**資金八億で契約へ**

かねてから経営断念の話が、くすぶっていたプロ野球、パ・リーグ、東映フライヤーズの身売りが本決まりとなった。買い主は、さる四十年に設立されたばかりという「日拓ホーム株式会社」（東京都豊島区西池袋一の一八の二、西村昭孝社長）。株式市場には非上場の新興会社だが、土地ブームを背景に、那須高原の別荘地分譲などで伸びに伸びた不動産会社である。日拓側が用意した金は八億円といわれる。アメリカではニューヨーク・ヤンキースが身売りしたばかりだが、こちらでも、さきの西鉄に続いて東映と、かつては日本選手権を握った両チームが身売り。こんどのケースは斜陽の映画界と土地ブームという世相をたくまずに描き出した。

ここには、西村の談話も掲載されている。

**野球の衰退防ぎたい**
西村社長の話「まだ正式決定したわけではない。十六日東映、東急幹部と話し合い、細かい点についてとり決める。折り合いがつけば、すぐ発表することになろう。単なるＰＲということだけでなく、このままでは野球が衰退してしまうと考え、援助してもいいという気持ちだ」

こうして迎えた十六日、ついに正式発表がなされたのだった。

## 日拓ホームフライヤーズ誕生

一月十六日、銀座東急ホテルで行われた会見には多くの報道陣が集まった。

壇上に立ったのは東映・岡田茂社長、日拓・西村昭孝社長、さらに東急・五島昇社長、そしてフライヤーズ・大川毅オーナーだった。

記者からの質問が西村に集中する。

最初に問われたのが、「どうして斜陽といわれるプロ野球界に参入するのか？」という質問だった。西村は胸を張って答える。

「私は野球を愛しています。プロ野球界は斜陽かもしれないけれど、それは意欲の問題。巨人がそうであるように将来は独立採算を目指し、新時代に即応した考えでやっていけば、おのずと道は開けると信じています」

　重ねて西村は強調する。

「私が球界に参入するのは自社のメリットを考えてのことではなく、あくまでも野球への愛着から経営に乗り出すことを決意したのです。とにかくプロ野球を健全なスポーツとして発展させていくつもりです」

　さらに、現状の球団経営のあり方についても苦言を呈する。

「経費のかかることを恐れて、へっぴり腰の経営をするから赤字を呼ぶのだと思います。経営者として、選手には戦う意欲を注入したい。そして、選手たちを使い捨てにするのではなく、ユニフォームを脱いだ後には代理店主などのポストを与えたいと思っています。球界発展のためにテレビへの進出に力を注ぎたい。青少年の育成や、老人福祉の意味で月に一度の無料招待も考えています。とにかく、大きく変容する社会情勢と照らし合わせた球団経営でなければならないと思っています」

　そしてこの日、記者からは重要な質問も飛んでいる。

——「日拓ホームフライヤーズ」の経営は短期間か、それとも半永久的と考えているのか？

　この質問に対して、西村は正々堂々と答えている。

「もちろん、できる限り永久的にやります。私は仕事が忙しいので、運営に関しては田沢代表に任せることになるが、どんな経営でも甘っちょろい気持ちではダメ。本腰を入れてやります」

亀清会において、すでに経営の輪番制が話題となっていたことはすでに述べた。まずは西村率いる日拓ホームが先鞭をつけ、数年後には角栄建設、日本熱学工業、丸井、三共開発などがフライヤーズ経営に名乗りを上げる可能性があることを話し合っていた。

それが、酒の席での口約束だったのか、それとも本気でそう考えていたのかは不明ではあるが、少なくとも西村は対外的には「永久的にやります」と宣言したのだった。

結果的に十カ月後に訪れる事態を、この時点では誰も予想することはできなかった。

東映の岡田は肩の荷が下りた安堵《あんど》の表情で心境を吐露《とろ》した。

「長い間、東映フライヤーズに対するご声援、どうもありがとうございました。昭和二十九年に先代の大川博社長が東急から経営権を引き受けて十八年になりますが、今回キッパリと野球とは縁を切ることにしました。東映のグラウンドはあくまでも映画でという方針です。東急のあっせんを受けて、きれいに日拓ホームさんへ譲渡しました。共同経営をやれば主体性が二分化、中途半端なものになるので考えられなかった。今後は、日拓ホームフライヤーズを全面的に支援していきたいと思います」

父が築き上げ、愛したフライヤーズ。それを、父の死後わずか二年足らずで手放すことになった東映の大川毅オーナーは寂しさを隠し切れない。

「本日、フライヤーズを全面的に売却しました。話を聞いたのは、つい最近のことです。日拓ホーム以外にも、二、三の話はあったけれど、日拓ホームに対して何の条件もつけずに売却しました。現在、私個人の気持ちとしては寂しさを感じるし、ファンの方にも済まないと思っています……」

そして、今回の買収劇を取り仕切った東急・五島も安堵を隠せない。

「東急が十八年間、東映に養子に出していたのがフライヤーズ。そのフライヤーズに《日拓ホーム》というお婿《むこ》さんが決まったと言っていいでしょう。私は今回の仲人役のようなものです。私にも、〝球団経営をやれ〟という声も多かったし、私もまったく考えないわけではありませんでした。しかし、私は野球が好きなだけに、のめり込む危険性がありアプローチできませんでした。近頃の野球界には、先代の正力松太郎《しょうりきまつたろう》さん、大映の永田雅一さん、そして大川博さんのような野球の鬼がいなくなりました。しかし、西村社長には新しい野球の鬼となって、プロ野球界の新しい隆盛に尽力してほしいと願うばかりです」

四者四様、それぞれの思惑が交錯する記者会見だった。

＊

突然の球団譲渡劇に驚いたのは選手たちだった。

大杉は自主トレ先で、このニュースを知った。

「昨年の暮れからいろいろ身売り話は出ていたけど……。東急に経営権を返上した時点で一件落着したと思ったんだ。入団九年目を迎えてチームへの愛情がますます強くなっていたところだったのに……ショックだよ」

自分自身を納得させるように「しょうがないよな」と、大杉はつぶやいたという。

一方、ルーキーの新美は憮然《ぶぜん》としていた。

ドラフト指名直後から繰り返されてきた「身売りは絶対にあり得ない」という言葉はまったくのでたらめだったからだ。

「東映の人は、〝絶対に大丈夫だ〟と言っていたから、安心していたのに……。これからキャンプインを控えているのに、こんなことになるなんて……。とにかく、早く気持ちを切り替えてキャンプに万全の状態で臨めるようにするつもりです」

七二年シーズンは四勝七敗という不本意な成績に終わっていた高橋直樹《たかはしなおき》は、「こういうこともあるだろうな」と感じていた。高橋が述懐する。

「身売りの二年前に先代の大川（博）オーナーが亡くなった時点で、こういう日が来るのかなとは思っていました。七二年は〝足首の強化に役立つだろう〟と思ってアイススケートを練習に取り入れた結果、軸足の右足首を捻挫《ねんざ》してしまって、シーズンを棒に振ってしまいました。だからこそ、〝七三年こそ、心機一転だ〟という思いだったのに……」

「新オーナーは日拓」という報道に肩を落としたのが大下剛史だった。

「本音を言えば、ワシら選手たちは東急に行きたかった。〝東急が親会社になればいいな〟と考えていた。そりゃあ、そうじゃろ、《あの東急》なんだから。でも、五島さんは冷静だったね。混乱続きだったあの頃のプロ野球チームを買うほど、そんなバカじゃなかったってことだよ。東映の岡田社長にもワシはかわいがってもらったよ。あの人も、ワシと同じ広島出身じゃからの。ほいじゃがね、まさか日拓なんて会社に買われるなんて思っとらんかったから」

チームの主力であり、精神的支柱でもあった張本勲は泰然としていた。

「ずっとくすぶっていた身売り話にようやく結論が出たんだから、ホッとしたというのが正直な気持ち。選手としては心機一転、改めて頑張るだけだよ」

当時、マスコミにはこのように語っていたが、すでに張本はチームが身売りすることも、その相手が日拓であることも知っていた。

四十数年前の冬の日の出来事を張本が振り返る。

「私は広島出身ということもあって、同郷の岡田社長にはすごくかわいがってもらっていました。そんなある日、私と土橋（正幸）さんの二人が呼ばれたんです……」

土橋と張本を前にして、岡田は切り出した。

「お前ら二人は生え抜き選手だし、チームの功労者だから正直に話すが、実はもう経営状態が非常に逼迫《ひっぱく》していて、これ以上球団を続けていくことができなくなった……」

神妙な面持《おもも》ちで聞いている土橋に対して、張本は言った。

「一体、どこがフライヤーズの引き受け手となるんですか？」

岡田が答える。

「……日拓ホームだ」

土橋も張本も、首をかしげる。

（……日拓ホーム？）

訝《いぶか》しがる二人を見て、岡田は言った。

「今、急成長中の不動産会社で、若い経営者が率いている勢いのある企業だ……」

そしてこのとき、張本は驚くべき事実を聞いた。張本の述懐を聞こう。

「岡田さんは私と土橋さんにハッキリと、〝経営は二年ごとの持ち回りの輪番制だ〟と言いました。それで私が、〝輪番制？〟と聞くと、岡田さんは、〝最初は日拓ホーム、次は角栄建設、その次は丸井となっとるんだ〟と言いました。それは土橋さんも聞いていますよ。でも、私らは経済界の事情はよくわからんし、〝球団が生き延びればいいや〟と思っていたから、〝そうですか、引き続き頑張ります〟と言って、その場を辞したんです」

土橋も、張本も当時は決してこのやり取りを口外しなかったという。

チーム内に無用な動揺や混乱を避けるべく配慮したからだ。それは、プロ十五年目を迎えようとしていた張本なりの気遣《きづか》いであると同時に、「これは自分たちの胸の内だけにとどめておくべきだ」という直感が働いたからだった――。

＊

七三年二月七日、プロ野球実行委員会が開かれた。

このとき、株式会社東急ベースボール倶楽部《クラブ》（東映フライヤーズ）の全株式を日拓ホーム株式会社に譲渡し、日拓ホーム野球株式会社（日拓ホームフライヤーズ）が代わって加盟することが承認された。

また、野球協約第六章（参加資格）修正について、改めて協約専門委員会で検討することが決められた。これは、前年の西鉄身売り、今回の東映の球団売却騒動を受けて、新規企業の球界参入について、時代に即した対応の必要性が求められたためであった。

いずれにしても、すでにキャンプインしていたこの日、ついに新球団、日拓ホームフライヤーズは正式に誕生したのである。

# 第四章

# 新生フライヤーズ、波乱の船出

公式ファンブック『'73レッツゴーフライヤーズ』の表紙を飾る中心選手。右から張本、大杉、金田

## 西村オーナーが打ち出す「四つの改革」

日拓ホームフライヤーズが誕生して一夜が明けた――。

翌一月十七日には、東映グループの新春パーティーが東京・芝のプリンスホテルで行われた。例年このパーティーには東映グループの一員として、フライヤーズの選手たちも参加していた。まだ若手だった大下剛史は、この会に参加するたびに興奮していたという。

「新年のお祝いの会では、いつも鶴田浩二《つるたこうじ》さんもいたし、（高倉《たかくら》）健《けん》さんもいたし、一流の映画スターばかりで、そりゃあ、華やかだった。ワシはまだ若かったから、もちろん、気後れもしたけど、健さんが、〝おぉ大下君、キミも来たのか〟、なんて声をかけてくれる。それが嬉《うれ》しくてな。《東映》という会社に誇りを持てたし、〝オレも頑張ろう〟って思いになれたんだよ」

当時プロ六年目を迎え、中堅選手だった高橋直樹にとっても、毎年の新春パーティーは心躍るひとときだった。

「僕にとって、東映は本当にやりやすいチームでした。何も細かいことは言われずに自由に野球ができました。それに、毎年のパーティーで映画スターに会えるのも楽しかったな。鶴田浩二さんから高倉健さんから、ずらーっとね。京都の撮影所にも遊びに行きましたよ。僕らも同じ東映の一員という感じが誇らしかったですね」

張本勲が述懐する。

「東映の俳優の方々とはいいおつきあいをさせてもらいましたよ。私の方が年下だったけど、菅原文太さんのことを《文ちゃん》って呼ばせてもらったりしてね。『仁義なき戦い』の撮影が始まる前には、文ちゃんに広島弁の指導をしましたよ。私は広島出身だったし、この映画は広島が舞台だったからね。文ちゃん以外にも多くのスターたちには、《東映》つながりということで親しくさせてもらいました」

大下や高橋、そして張本の話にあるように、鶴田浩二、高倉健、若山富三郎《わかやまとみさぶろう》、菅原文太ら男性俳優陣、そして佐久間良子《さくまよしこ》、藤純子《ふじじゅんこ》、あるいは藤の引退後に日活からフリーを経て東映に移籍した梶芽衣子《かじめいこ》ら、豪華女優陣と同じ「東映」の一員であるということは、選手たちにとっても誇らしいことだった。

ところが、一九七三（昭和四十八）年の新春パーティーは様相が異なっていた。

前日に発表された球団売却を受けて、この日パーティーに参加したフライヤーズの面々は、前年までの「ホスト役」ではなく、日拓ホーム所属の「ゲスト」として参加。一夜にして立場が変わってしまっていたのだった。例年まではユニフォーム姿で参加していた選手たちも、この日はスーツ姿で神妙な面持《おもも》ちで会場に駆けつけた。

会場には田宮謙次郎監督に続いて、張本が登場する。

その姿を万感の思いで見つめていたのが、前オーナー・大川毅だった。

選手たちが大川の下に駆けつけ、「長い間、お世話になりました」と頭を下げる。そのたびに固く握手を交わし、激励の言葉をかけながらグラスを傾けた。腎臓を病み、医者からは酒を止められていた。フライヤーズを愛して亡くなっていった父の遺志に、図らずも背《そむ》くことになってしまった。近くにいた新聞記者の問いかけに、毅はつぶやく。

「今のオレは、こうして酒でも飲んでいないといたたまれないんだよ……」

その隣では、東映の誇る一流女優陣に囲まれて、楽しそうに談笑している日拓ホーム社長・西村昭孝の姿があった。まさに明と暗、好対照な光景だった。

この日の主役は、ある意味では西村だったのかもしれない。

壇上でのスピーチでは会場中の視線を一人で独占し、談笑をしていても常に多数の報道陣が彼の周りを取り囲んでいた。

この日、報道陣に対して西村は「四つの改革案」を打ち出している。

最初に彼が挙げたのが「合宿所の移転」だった。川崎市武蔵小杉《むさしこすぎ》にあった従来の合宿所を東京・世田谷の西村の自宅近くに移転する計画を打ち出した。西村は報道陣に対して、「すでに1300㎡の土地を準備している」と豪語した。

次に挙げたのが「新練習場の建設」だった。これまで使用していた多摩川にある河川敷の球場に代わって、新たに「後楽園《こうらくえん》球場から一時間圏内」に3万3000㎡ほどの新球場を建設するプランを明かした。候補地は世田谷区奥沢《おくさわ》など五カ所だった。

新たに合宿所を作り、新球場を建設する。いかにも、気鋭の青年実業家らしい発言だった。西村の「改革案」はさらに続く。続いて、「専用バスの購入」を挙げ、さらに四番目のプランとして「積極的なトレード敢行」を明らかにした。

また、二月一日からの伊東《いとう》キャンプはすでに決定していたものの、「来年のキャンプは台湾で行うつもりでいる」とも発言。球界に新たな風を吹き起こそうとしていた。

＊

西村にとって心強い援軍が結成されたのもこの日のことだった。

西村が球団を持つきっかけとなった「亀清会」の面々が、彼をサポートするべく「日拓ホーム野球株式会社」の役員に就任したのである。

メンバーは、今回の球団売却劇の主役の一人である東映・岡田茂を筆頭に、丸井・青井忠雄、日本熱学工業・牛田正郎、三共開発・河村三郎、東急エージェンシー・前野徹という、錚々《そうそう》たる面々だった。

西村をはじめとする新役員たちは新春パーティー終了後、すぐにミーティングを行う。この場で、改めて西村への献身的な協力を確認することとなった。

西村が宣言した「四つの改革案」のうち、最初に行われたのが「積極的なトレード敢行」だった。一月二十三日には、巨人《きょじん》・川上哲治《かわかみてつはる》監督との間で二対一の交換トレードが発表された。

日拓からは高橋善正《たかはしよしまさ》を放出する代わりに、渡辺秀武《わたなべひでたけ》と小坂敏彦《こさかとしひこ》が加入することが決まった。かねてから高橋のシュートにほれ込んでいたという巨人・川上監督と、安定した勝ち星が期待できる右の変則投手の渡辺だけでなく、サウスポーの小坂も加わることで、「左のワンポイントリリーフがほしい」と望んでいた日拓・田宮監督の思惑《おもわく》が一致したのだ。

七二年シーズン、高橋は十勝十三敗で、巨人・渡辺は十勝十一敗だった。本来ならば、一対一のトレードが妥当だったのかもしれない。しかし、川上監督は報道陣からの質問に対して、次のように答えている。


「巨人としては一見不利な形だが、渡辺、小坂両投手の将来を考えてトレードに踏み切った。渡辺はパの打者に球質を覚えられていないだけに20勝ぐらいの成績をあげられるだろう。小坂も登板のチャンスに恵まれ、持ち味を発揮するだろう。高橋善を指名したのは本格的というか、落ちる球とシュートの切れ味のいいアンダースロー投手が欲しかったからだ」

（日刊スポーツ／七三年一月二十四日付）


この知らせを聞いて驚いたのが、当時プロ四年目を迎えようとしていた小坂敏彦だった。ルーキーイヤーに一勝、翌七一年には二勝、そして七二年には四勝を挙げていた。「よし、今年こそ、大きく飛躍するぞ」と期していた矢先の突然のトレード通告だった。

当時のことを、小坂が述懐する。

「多摩川での練習中に、巨人のマネージャーから突然、連絡を受けたんだよ。いきなり、〝明日からは川向《かわむこ》うに行け〟って。《川向う》って、意味わかる？」

この頃、多摩川を挟んで巨人と東映はともに河川敷で練習をしていた。マネージャーが言った、「川向う」とは、「明日からは新生・日拓へ行け」という意味だった。

「トレードの予感なんて、全然なかったよ。自分自身、〝今年はやれるぞ〟って思っていたから、やっぱり驚いたよね。ようやくプロの世界に慣れてきたこともあったし、成績だって、プロ入り以来、一勝、二勝、四勝と倍々できていたわけだから、〝次は八勝だ！〟って意気込んでいたんだからね。何で自分が出されたのかは理解できなかったけど、川上監督は（高橋）善ちゃんがほしかったようだね」

当時の新聞記事には、「一部のスポーツ紙に名前が出ていたし、あるいは？　と思っていた」という小坂の談話が記載されているが、いずれにしても突然の通告ではあった。

「正直言えば、日拓への移籍は気乗りはしなかった。当時のジャイアンツはV9の真《ま》っ只《ただ》中《なか》だったし、一方の東映はお客も入っていなかったわけだし……。でも、いきなり〝明日からは川向うだ〟って言われて、すぐに〝じゃあ、辞《や》めます〟とは言えなかったよね。もっと時間があれば、冷静に考えた上で引退していただろうな……」

かつて東映フライヤーズを日本一に導いた水原茂と小坂は、ともに高松商業出身だったこともあって、高校時代に水原から食事をごちそうになったり、高松で行われたキャンプの見学に行ったり、小坂と東映とは浅からぬ縁があった。

しかし、水原が退任してからすでに五年の月日が流れていた。小坂にとって、「日拓」とは、何の縁もゆかりもなく、先行き不透明な新興球団でしかなかったのだ。

## ノンプロ解散騒動と希望のキャンプイン

日拓ホームフライヤーズ誕生の余波を受けたのが、ノンプロの日拓だった。

プロ球界参入直後には「ノンプロは存続させる」と宣言した西村昭孝だったが、その約束は早々に反故《ほご》にされた。

球界参入が明らかになった一月十六日には、野球部部長である西村と副部長の中谷清常務が、ともに日本社会人野球協会を訪問。協会への登録抹消の手続きを行った。

これは、社会人野球資格規定に抵触することを避けるための措置だった。当初、西村は「規定に抵触するのであれば、グループ会社に運営を任せるつもりだ」と宣言していたが、それは実現することなく、結局はこの手続きによって、ノンプロの日拓ホーム野球部は事実上の解散に追い込まれることになった。

その後、東京・西池袋の日拓本社に全部員が集められ、正式に解散が通告された。これにより、六九年三月に創部された日拓野球部は、およそ四年の歴史にピリオドを打った。

二十九日には選手と会社側とで、今後の進路についての話し合いが行われた。

この日、選手たちへの救済策として会社側が提示したのは、「希望する者はプロテストを受けてもいい」というものだった。この提案の真の狙いは、日拓キャプテンで、かつて七一年のドラフト会議で、東映から三位指名を受けた経験を持つ平井《ひらい》信司《しんじ》の獲得を念頭に置いたものであった。

しかし、平井はプロへの拒絶反応を隠そうとはしなかった。

その理由としては、「ノンプロは存続させる」と宣言したものの、早々にその約束を反故にした西村への不信感が大きかった。主将として、自分だけ華やかなプロに進むことへのためらいもあった。

報道では「プロで通用するのは平井だけだ」という記事もあった。その平井がプロ入りを拒否したことで、フロントの目算は外れた。それでも、他の選手たちの中にもプロ入りを目指す選手はもちろんいた。

土浦日大高校卒業時に、当時発足したばかりのノンプロ・日拓に加わった大室勝美もその一人だった。

「当時のうちのチームで言えば、平井さんだけは別格でしたね。彼の実力は優にプロのレベルに達していたと思います。とは言え、僕も元々はプロ志望だったので、多摩川でのテストは受験しました。守備には自信を持っていたんだけど、この日はたまたまバッティングも調子がよくて、〝受かったな〟と思いましたね」

一方、オール常磐、静甲いすゞ、そして日拓観光と社会人チームを渡り歩いてきた福本万一郎もプロテストを受験した。

「当初は、〝野球部は今後も存続する〟と聞いていただけに、解散の知らせは寝耳に水でした。でも、それが会社の方針ということであれば、我々はどうしようもない。このとき、僕の下には大阪のクーラーの会社……、えっと何だっけ……、あっ、エアロマスターからの誘いがあったんです。でも、両親と相談したら、〝大阪に行くなら、野球はやめろ〟ということになって、東京に残って野球を続けるためにプロテストを受けることにしたんです。もちろん合格しました」

当時二十六歳だった福本は、即戦力投手として期待されてのプロ入りだった。

「プロに入れた喜びっていうよりは、東京に残って野球ができるって喜びの方が大きかったかな?」

結局、このプロテストにはノンプロからは七名が受験。投手は福本、衛藤雅登、捕手は鴨川清、外野手は小林一夫、そして大室の五名が晴れてプロ入りすることとなった。

すでに、一次キャンプが始まっていた二月六日に契約を済ませると、翌七日から先輩たちと合流。プロとしての第一歩を踏み出した。

＊

二月一日、新生・日拓ホームフライヤーズのキャンプが始まった。いや、「始まるはずだった」と記した方が正確だろうか。この日、選手たちはユニフォームに袖を通すことなく、全員がスーツ姿で、銀座東急ホテルに集められた。

西村オーナーの発案で、この日はボールもバットも握らず、スタッフ、選手、そして報道陣を集めた「決起集会」が行われたのである。西村自らビールを注いで回り、和気あいあいとした中で時間が過ぎていった。

また、この年のキャンプは従来と異なり、一風変わったものとなっていた。

十三日からの二次キャンプでは、わずか二十四選手のみを伊東に招集。そのうち野手はわずかに十二名という少数精鋭で、残り二十五選手は土橋正幸二軍監督の指揮の下、寒風《かんぷう》吹きすさぶ多摩川で汗を流すことに決めていたのだ。

十一日の練習終了後、伊東行きメンバーが発表された。張本勲、大杉勝男、大下剛史ら実績ある選手の他に、ルーキーの相本和則、そして大室勝美が抜擢《ばってき》された。

ヘッドコーチのカールトン半田《はんだ》は集まった報道陣の質問に答える。

「伊東組と多摩川組の間には大きな差がある。その中で相本と大室にチャンスを与えたのは、彼らが実戦で働ける可能性が高いとみたからだ」

相本はどこでも守れるオールマイティぶりを買われていた。一方の大室は俊足を評価され、代走、守備固め要員として期待されていた。

新しいチームには新しい選手の台頭――。

首脳陣の二人にかける期待は大きかった。

＊

日拓にとって初めてとなるキャンプにおいて、オーナーの西村が掲げたテーマは、「キャンプのためのキャンプではなく、本番のためのキャンプを」というものだった。全メンバーを前に、西村の言葉も熱を帯びる。

「私は常々、〝追いつき、追い越せ、引き離せ！〟をモットーとしている。野球にもこの考えは当てはまるはずだ。二軍の選手は一軍のレギュラーを目標とし、レギュラー選手はプロ野球のスターを目指してほしい。そして、チームにはまずパ・リーグの王者・阪急に勝ち、さらに日本一の巨人を倒すという目標がある。選手一人一人が、それぞれの立場でライバルに追いつき、追い越し、引き離してほしい。この総合力が結集されてこそ、はじめてフライヤーズの前進、躍進が始まるのだ！」

実業界で「西村士官学校」と称された、独自の人心掌握術はプロ野球経営においても健在だった。キャンプ中には、特別講師として将棋界から升田《ますだ》幸三《こうぞう》を、レスリング界からは八田《はった》一朗《いちろう》をゲストに招いて、選手たちへの訓示を行った。

ここでは、「勝負の厳しさ」、そして「人生における《道》」について語られた。それは、前年までの東映時代とはまったく異なる「西村イズム」の発露だった。

田沢球団代表とともに、西村が初めて伊東キャンプを訪れたのは十五日のことだった。選手たちへの手土産《てみやげ》として、銀座の一流店から取り寄せた牛肉40キログラム、スコッチウイスキー二十本と日本酒、さらにはポンカン三十箱を差し入れした。

気前のいい振る舞いに、プロ七年目を迎えていた阪本敏三《さかもととしぞう》は驚いていた。六七年に阪急ブレーブスに入団。二年目からレギュラーとして活躍していたが、この前年の七二年からは東映に移籍していた。このときのことを阪本が述懐する。

「阪急から東映に移籍した最初のキャンプやから、七二年の伊東キャンプだったかな？

まず驚いたのが食事やった。夜の食事で出てきたのが缶詰だったんだよ（笑）。そんなおかずがあるかい？　阪急では考えられないことだったね。でも、翌年から日拓に代わって食事や遠征中の洗濯など、待遇は一気によくなったんだ」

前年に缶詰での食事を経験していた阪本にとって、キャンプイン初日に盛大なパーティーを開いたり、キャンプ中の高級牛肉の差し入れがあったり、前年と比べて驚くほどの待遇改善だった。また、西村の英断でこの年からは遠征時の移動の際に、全選手のグリーン車移動が認められた。この決断もまた、選手たちには好評をもって迎えられた。

岡村浩二《おかむらこうじ》とともに、正捕手争いを演じていた加藤俊夫《かとうとしお》もまた、東映から日拓への経営移譲を歓迎していた一人だった。

六六年のドラフト一位でサンケイアトムズに入団。二年目にはすでに正捕手となっていた加藤だったが、ヤクルトアトムズと球団名が変わった七〇年のシーズン途中に無免許運転が発覚。球団から無期限の謹慎《きんしん》処分を受け、そのシーズン限りで自由契約となっていた。そんな加藤に救いの手を差し伸べてくれたのが、東映フライヤーズのオーナーだった大川博だった。

「僕はヤクルトアトムズをクビになって、一年間のブランクを経て七二年に東映に拾われました。地元の仙台に帰って家業の手伝いをしていたら、セ・リーグの鈴木《すずき》（龍二《りゅうじ》）会長から手紙をもらったんです……」

鈴木からの手紙には、「もしもまだ野球を続けたいという気持ちがあるのなら、一度、セ・リーグ事務局に来てほしい」と書かれていた。野球界への未練が断ち切れなかった加藤はすぐに上京する。そこで待っていたのは、東映フライヤーズの田沢八十彦代表だった。「セ・リーグ事務局で初めて、田沢さんを紹介されました。事情を聞くと、先代の大川博オーナーが、〝加藤クンをこのままにしておくのは忍びない。どうか、あの子にうちで野球をやらせてあげてほしい〟と、亡くなる前に言っていたそうなんです」

どうして、大川が加藤のことを気にかけていたのかは本人もわからないというが、こうして、加藤の球界復帰が実現した。ヤクルト時代は月に二十二万円程度の給料だったが、東映とは月十万円の契約を結んだ。給料は半額以下になったけれども、もう一度、チャンスをもらえたことが嬉しかった。加藤はがむしゃらに頑張った。

そして、復帰初年度となる七二年は百二十一試合に出場。チームの扇《おうぎ》の要《かなめ》としての役割を十二分にこなした。そんな矢先、チームが日拓へと身売りしたのだった。

「給料は半額以下になったけれど、待遇面での不満は何もありませんでした。〝野球で取り返せばいい〟と考えていたからです。そして、チームは東映から日拓へと変わりました。このとき、給料は月に三十万円になりました。生活は苦しかったので、本当に助かりました。これだけの給料を払ってくれるのだから、日拓に不満があるわけがありません」

これは若手、中堅選手たちだけではなく、張本、白、大杉にも共通の思いだった。「親会社がどこであろうと、オレたちは野球をするだけだ。野球で結果を残し、きちんと年俸を支払ってくれるのであれば、別に構わない」、選手たちの意識は同じだった。

そしてこの日の夜、ホテル川良《かわりょう》の宴会場では全選手を招いての慰労会が開催された。ここでも、「西村節《ぶし》」は炸裂する。

「心の通い合える和を持て。監督に対して不満を言うような者は容赦《ようしゃ》しない。その前に自分のやるべきことをまっとうしろ。たとえタイトルを取っても、チームのためにならなくては査定を厳しくする。一致団結して気力で相手に立ち向かえ！」

まさに西村昭孝の真骨頂《しんこっちょう》だった。「たとえタイトルを取っても……」の発言は、張本勲を念頭に置いてのものだろう。打撃に夢中になるあまり、守備がおろそかになり、チームプレーをないがしろにしているという不満は、投手を中心にチームに渦巻いていた。こうした事実をすでに西村は把握していたのだ。

「現場に関するすべての和のためには、不満を言う選手を干してもいい。トレードに出してもいい。たとえ不平分子を追い出すことになろうとも、私は田宮監督を支持する」

西村の言葉は力強かった。さらに報道陣に対して、「私がオーナーのうちは監督は絶対に代えない」と田宮監督に対する長期政権を約束している。

また、この日は高橋直樹の二十八歳のバースデーでもあった。西村は高橋に対してバースデーケーキを差し入れるとともに、金一封《きんいっぷう》も授与している。まさに、「アメとムチ」を使い分ける、西村ならではの人心掌握術が早々に披露されたのである。

＊

ドラフト一位の鳴り物入りでプロの世界に飛び込んだ新美敏は初めてのキャンプに緊張を隠せなかった。果たして、自分はプロで通用するのかどうか？　自分なりの手応《てごた》えをつかみたいという思いで気合いに満ちていた。

初めてブルペンに入ったときのことだった。新美の隣には、かつて「怪童」として鳴らした尾崎行雄がいた。

（これがウワサの尾崎さんか……）

新美は固唾《かたず》を呑《の》んで尾崎のピッチングを見守った。しかし、新美はそのピッチングに衝撃を受ける。かつて世間を騒がした「怪童」の面影《おもかげ》はそこにはなく、ひたすら力のないボールがキャッチャーミットに収まっていたのだ。

「僕は、とても楽しみに尾崎さんのピッチングを見つめていたんですけど、まるでナックルボールのようなヒュルヒュルっていう力のないボールばかりでした。肩を故障していたんですね。〝あぁ、尾崎さんも引退するんだな……〟って思ったことを覚えています」

新美の予感通り、尾崎はこの年限りで現役を引退することになる。

もちろん、尾崎以外の先輩投手のピッチングにも注目した。

前年に二十勝をマークして最多勝に輝いていた金田留広。巨人から移籍したばかりの渡辺秀武。ゆったりとしたフォームから抜群の制球力を誇ったアンダースローの高橋直樹など、プロの世界ですでに実績を残している投手を見ても、さほど驚きは感じなかった。当時のことを新美が述懐する。

「もちろん、それぞれがいいピッチャーなんですよ。でも、〝あっ、すげぇな〟っていう人はいなかったですよ。〝だから、自分が通用する〟ということではないけど、プロのレベルに面食らうということは、キャンプの時点ではなかったですね」

先輩打者を相手にマウンドに上がったこともある。

右打席に入った大下剛史に対して、自慢のシュートを投じてみると、大下はこれを嫌《いや》がって、たった一球で打撃練習をやめてしまったこともあった。あるいは、すでに球界を代表する大打者となっていた張本勲と対峙したときも、新美は堂々としていた。

「一度、バッティング練習のときに張本さんのバットを折ったことがありました。このとき、張本さんに、〝お前、オレのバットを折るなんて、大したものだよ〟と言われたことは、今でもハッキリと覚えていますね」

並みいる先輩たちに対して、なんら臆することなくマイペースで調整を続ける強い心臓が、新美には備わっていた。

新美がアピールを続ける一方で、首脳陣には悩みの種もあった。

当初、貴重な戦力として考えていたボブ・クリスチャンの来日が遅れていたのだ。

東映時代の前年十二月に15パーセントダウンの七百五十万円提示に不服だったクリスチャンは、契約を結ばないまま越年。日拓に経営権が移った一月に10パーセントダウンの八百万円で契約したものの、その後は音信不通となっていた。結局、クリスチャンはそのまま退団。翌七四年には白血病のため、二十八歳でこの世を去ることになる。

フロントは新外国人獲得が急務となり、その対応に追われることとなった。

新生球団ならではの混乱はありつつも、それでも何とか日拓ホームフライヤーズは新たな船出を切ったのである——。

## 東京スタジアム買収をめぐる混乱

一方この頃、西村は新たな野望を抱いていた。

それが東京スタジアムの買収計画だった。一月十七日の東映新春パーティーの席上で「新練習場の建設」をぶち上げた西村だったが、なかなか最適な土地は見つからなかった。

条件は「本拠地・後楽園球場から一時間圏内」で、野球場、雨天練習場、合宿所の建設が可能な一万坪の敷地を探していたものの、土地ブームに沸《わ》く都内にはそれだけ広大な土地は見つからず、条例の問題で住宅地にはこれらの施設を作ることはできなかった。

こうした条件をクリアして、候補地に挙がったのは静岡県御殿場《ごてんば》市、神奈川県大磯《おおいそ》町、埼玉県和光《わこう》市だったが、いずれも後楽園球場からは遠すぎた。

そこで西村が目をつけたのが、前年の七二年限りで閉鎖されていた東京スタジアムだった。東京・荒川区南千住《みなみせんじゅ》にあったこの球場は大映・永田雅一の肝煎《きもい》りで建設されたもので、閉場までは毎日大映オリオンズ、東京オリオンズ、ロッテオリオンズが本拠地としていた。

六二年五月に開場し、「光の球場」と称された近代的なスタジアムだった。しかし、映画産業の急激な斜陽化によって、開場当時にはすでに大映の経営状態は悪化の一途をたどっていた。七一年には球団経営権をロッテに譲渡して延命を図ったものの、ついに大映は息絶えた。同時に関連子会社だった株式会社東京スタジアムも倒産し、七二年から球場経営権が国際興業の小佐野賢治《おさのけんじ》に移っていた。

政財界に強いパイプを持ち、フィクサーとしての顔も持つ小佐野は、東京スタジアムを本拠地としていたロッテに対して、球場の賃貸《ちんがし》を認めず、あくまでもスタジアムの買い取りを求めた。しかし、ロッテはこの条件を受け入れることはできずに交渉は決裂する。

これによって、ロッテは本拠地を失い、後楽園球場、神宮《じんぐう》球場、川崎球場の他、仙台の県営宮城球場などを転々とする「ジプシーロッテ」の異名を持つことになる。

ロッテとの交渉が決裂したことによって、小佐野は東京スタジアムの廃業を決めていた。しかし、新たに球界に参入した日拓・西村は、この東京スタジアムに注目したのだった。

もちろん、小佐野にとっても異存はない。「頭金で十億円を用意してくれれば考えてもいい」と、球場売却に色気を見せていた。

新聞報道によれば、この時点での東京スタジアムの土地価格は四十五億円だったが、小佐野は三十七億円程度で売却するつもりでいた。この価格であれば、西村にとっても異存はなかった。交渉はスムーズに進むものと思われていた。当時のスポーツ紙には、小佐野との交渉への意気込みを語る西村の言葉が紹介されている。

西村オーナーは「毎日でも通う」と闘志満々。最後は誠意と金がものをいうが、見通しは暗くないようである。

（日刊スポーツ／七三年二月二日付）

しかし、「西村・小佐野会談」は、両者の都合がつかずになかなか実現しなかった。ようやく両者が対面を果たしたのは三月一日のことだった。西村自ら東京・八重洲《やえす》の国際興業本社を訪れ、直接交渉に臨んだのだ。

両者の接見はわずか五分だった。西村が提案した条件は次の二つだった。

・小佐野の持ち株、推定四百万株の買い取り
・累積赤字、二十一億五千万円の肩代わり

東京スタジアムの株は額面五百円だったが、この時点ではすでに二百八十一円に値崩れしていた。しかし、小佐野もまたしたたかだった。「これだけの株を集めるのは大変だったので、もう少し上乗せしてほしい」と注文を出していた。また、累積赤字の支払いを一括にするのか、あるいは分割にするのか、この点もまだ、さらなる交渉が必要だった。

しかし、西村の表情は明るい。

「こちらの提示額と、先方が求めるものとの間に、数億円という開きはない」

球場買収に向けての手応えは上々だった。交渉はスムーズに進むものと思われていた。新生球団は着々と足場を固めているかのように思われていた……。

## 新外国人は「レッドモン」

貴重な戦力だと考えていたボブ・クリスチャンの任意引退が正式に決まった。

田宮監督をはじめとする首脳陣は、改めて新外国人選手獲得の必要性に迫られていた。三月六日、田宮監督は東京・京橋の球団事務所を訪問する。田沢代表と、新外国人獲得についての打ち合わせをするためだった。

この席において田宮は、内野手、外野手、それぞれ一名ずつの獲得を要望した。当初はコーチのカールトン半田が渡米することになっていたが、急遽《きゅうきょ》、監督自らアメリカに行くことが決定。オープン戦序盤の指揮を半田に託して、田宮は九日十六時、羽田発の飛行機で機上の人となった。

日拓サイドが頼ったのは、クリスチャン獲得の際に橋渡し役となってくれたホワイトソックスのルートだった。まずは「右の外野手」をターゲットとして数名の候補者を決定した。

田宮はまずフロリダ州サラソタのホワイトソックスキャンプに合流し、チャック・タナー監督の案内の下、候補となっていた選手を直接、自分の目で確認した。

こうして白羽《しらは》の矢が立ったのが「レッドモン」こと、レドモンだった。

リンダ夫人と愛娘のエリザベスを伴って、実際にレドモンが来日するのは、すでにシーズンも始まっていた四月のことだが、ひとまず新外国人獲得のめどが立ったことで、日本で朗報を待ちわびていた西村は安堵《あんど》した。

十五日十八時、羽田着の日航機で帰国した田宮監督は到着早々、空港ロビーで会見し、レドモンに加えて、ブラッドフォードとの契約も順調に進んでいることを明らかにした。

「身体は小さいけれど、俊足巧打」というふれこみをもつブラッドフォードが加入すれば長距離砲ぞろいのフライヤーズ打線において、より緻密《ちみつ》な野球が可能となる。

小技に長《た》けた大下剛史、阪本敏三とブラッドフォードが組めば、多彩な攻撃が実現することだろう。それこそが、長距離砲ぞろいで大味な野球を続けていたフライヤーズに欠けていたものだった。

レドモンとブラッドフォードの実力は未知数ではあった。もしも、彼らが思惑通りに働けば攻撃陣の不安は何もない。田宮監督の表情は満足気だった。しかし、ブラッドフォードは結局、来日することはなく田宮の構想が実現することはなかった。

＊

指揮官不在のまま始まったオープン戦は十勝十二敗一分けという成績に終わった。

紅白戦序盤、期待のルーキー・新美敏は本調子にはほど遠い出来だったものの、少しずつ調子を取り戻し、三月八日には三回を無失点に抑え、首脳陣を安堵させた。

十一日、広島市民球場で行われた広島東洋カープとの一戦では、第二試合の6回途中からマウンドに上がって、2イニングを一安打無失点に抑えた。

一方、巨人から移籍し、新天地での飛躍を期していた小坂敏彦は十三日の阪神タイガースとの試合で8回からオープン戦初登板を果たしたものの、一回二/三を投げて3四球。「コントロールに難あり」の印象を首脳陣に植えつけることになった。

十五日、同じく阪神とのオープン戦に先発した小坂は六回を投げて四つのフォアボールで三失点。田宮監督の信頼を得るには至らなかった。

田宮監督の頬《ほお》を緩ませたのは二十四日、中日ドラゴンズとの一戦だった。

この日は高橋直樹が中日打線を相手に、ほぼ完璧な投球を披露。九回を被安打四の一失点で完投勝利。打線も、大杉勝男の二本のホームランを含めて、十四安打八得点と危なげのない戦いを見せた。高橋は十日の広島戦でも先発勝利を挙げており、足の故障のためわずか四勝に終わった前年の悔しさを払拭《ふっしょく》する手応えを得ていた。

さらに翌二十五日には、期待のドラフト一位・新美が、得意のシュートを中心にした組み立てで中日相手に九回三失点の好投。オープン戦とはいえ、プロ初完投を記録。二十九日の登板でもまずまずの内容で、新美は前評判通りに「開幕一軍」を確定させた。

「僕はいつも、春先のまだ寒い時期には調子が上がらないんです。だから、紅白戦の頃には結果が出なかったけど、何も心配はしていなかったです。実際にオープン戦が終わる頃には、ボールも走ってきて調子はよくなっていたし、調子さえよければ抑えられるという自信も、開幕前にはすでに芽生《めば》えていましたね」

172センチメートル。身体は小さかったけれど、アマチュアでの実績は申し分のない強心臓ルーキーは自信満々で開幕を待ちわびていた――。

# 第五章 強心臓ルーキー・新美敏の奮闘

ヤクルトとのオープン戦で力投する
新美。首脳陣の期待も大きかった

# 一九七三年ペナントレース、ついに開幕

日拓ホームフライヤーズにとっての初年度となる一九七三（昭和四十八）年。パ・リーグはこの年からシーズンを前期と後期に分け、それぞれの首位チームが年間優勝をかけて、秋にプレーオフを行う「前後期制」の導入を決めていた。

前期の開幕は四月十四日。新生・日拓は野村克也《のむらかつや》プレーイングマネジャー率いる南海ホークスと後楽園球場で激突することとなった。

開幕を直前に控えた十日、西村昭孝オーナーを筆頭に、フライヤーズ選手たちは東京・紀尾井町《きおいちょう》のホテルニューオータニに集まっていた。

この日、球界、財界関係者を中心に千五百名が招かれた盛大なお披露目《ひろめ》パーティーが開かれた。会を企画したのは「亀清会」のメンバーで、中心となったのが東急エージェンシーの前野徹だった。

球界からは大浜信泉《おおはまのぶもと》コミッショナー、岡野祐パ・リーグ会長、新生・太平洋クラブライオンズの中村長芳オーナー、さらにこの年から監督に就任したばかりのロッテオリオンズ・金田正一《かねだまさいち》らが顔をそろえた。また、財界からは「亀清会」誕生のきっかけとなった日本精工・今里廣記社長、丸井・青井忠雄社長、日本熱学工業・牛田正郎社長、そして、前年まで球団運営に携《たずさ》わっていた東映・岡田茂社長らが駆けつけた。

参加者の前に登壇した西村が上気した顔であいさつを始める。

「パ・リーグに活気を戻し、ひいてはプロ野球の発展につながるよう、球団を引き受けたからには精一杯、頑張りたい」

さらに、ロッテの金田監督がスピーチを始めると会場は爆笑の渦に包まれた。

「私と西村さんは昔からの知り合いです。でも、私はロッテの監督。それだけにこの場で、〝日拓に優勝してほしい〟とは言えません。幸いにして、今年からは前後期の二シーズン制がスタートします、そこで、前期は日拓、後期はロッテ優勝といきましょう！」

さらに、金田は悪乗りを続ける。

「日拓バンザーイ！　フライヤーズバンザーイ！　ロッテバンザーイ！」

そして、選手を代表して張本勲がステージに上がった。

「選手たちは十四日の開幕戦を目指して精進《しょうじん》してきました。チームも変わって、心機一転頑張ります。ペナントレースを期待してください！」

会場は盛大な拍手に包まれた。前年秋からの身売り報道の数々。そして、年明け早々の球団譲渡劇。ゴタゴタばかりが続いていたフライヤーズに、ようやく希望の光が差し込もうとしていた。ついに、船出のときを迎えた。西村オーナーを筆頭に、選手たちは燃えていた。勝負のときが訪れる。

七三年シーズン開幕が間近に迫っていた――。

＊

開幕戦が近づくにつれて、スポーツ新聞紙上には「開幕投手予想」が紙面を飾る機会が増えてきた。実績から言えば、前年最多勝に輝いた金田留広が順当だったが、開幕を控えてルーキー・新美敏の評判はうなぎ上りだった。オープン戦終盤に差しかかっていた四月二日の日刊スポーツにはこんな記事が掲載された。

**いけるぞ！開幕投手**
**日ごとにピッチを上げる新美に、首脳陣も目を細める。**
**「なんだかんだといいながら、あそこまで投げればもういうことなしだ。本番が楽しみになってきた」とは山根ピッチングコーチ。エース金田の調子いかんでは、開幕投手に指名されるかもしれない〝勢い〟でもある。「いやいや、とんでもない。開幕投手や新人王なんてあっしにはかかわりねぇことで……」**

当時人気だったテレビシリーズ『木枯《こがら》し紋次郎《もんじろう》』の主人公のセリフを真似《まね》て、新美はおどけてみせた。十日付日刊スポーツには大洋《たいよう》ホエールズの長崎慶一《ながさきけいいち》、阪神《はんしん》タイガース・五月女豊《さおとめゆたか》といった有望新人とともにこんな記事も掲載された。

**ボクら花の新人王候補**
**日拓・新美　先発、救援ＯＫ　橋戸賞のメンツかける**

紅白戦はメッタ打ちされたものの、オープン戦中盤から後半にかけては実力を発揮、新人最多登板の九試合。勝ち星は2勝。投球回数30イニング1/3で自責点は5。防御率1・50は六位。ルーキー最高の防御率だ。

パ・リーグには新美を除いては好成績を残したルーキーがいないだけに「スタートさえつまずかなければ新人王は堅いんじゃないか」の声が多くなってきた。

そして、山根《やまね》俊英《としひで》投手コーチの言葉が続く。

山根コーチの話　キャンプでは先発要員、三番手か四番手の腹づもりだったが、今は二番手くらいのピッチングをしている。開幕からどんどん使う。それも敗戦処理からという過保護システムではなくして、ゲームのポイントに使っていきたい。10勝～15勝はいける。

あるいは、「週刊ベースボール」（七三年四月二十三日号）には、「新美・早くも開幕準備OK」と題された記事が躍った。

**新美・早くも開幕準備OK**
**新人王狙って猛ダッシュする期待のルーキー**

まず、田宮監督は「やっと本来の姿をみせてきた。スカウトの話ではまだスピードが出るというので楽しみだ。いまの調子でも、他はそう打てないだろう。10勝いやそれ以上やってもらわなくっちゃ。このままなら、やれるよ」と手放し。

山根コーチもニヤニヤと笑いがとまらない。

「マウンドで風格が出てきた。自信を持ってきた証拠だ。とにかくピッチングのうまさは抜群だ。悪いなら悪いなりに押《ママ》さえるコツを知っている。これは先天的なものだろう。いまの時点では金田、渡辺につぐ第3の投手といえる。もちろん先発入りのメドは十分ついた」

こんな最大級の評価を新美はうれしそうに聞いている。さて前評判どおりの真価をみせ始めた新美には、早くも新人王候補ＮＯ・１の声もそろそろ上がっている。

新美の才能は、首脳陣だけではなく、報道陣も認めていた。アマチュアナンバーワンルーキーへの期待は、日に日に高まるばかりだった――。

## ルーキー・新美敏、プロ初先発、初完封

四月十四日、南海ホークスとの開幕戦のマウンドに立ったのはルーキーの新美敏ではなく、前年度の最多勝投手・金田留広だった。

この日は五年ぶりの本拠地開幕戦ではあったが、十四時からデーゲームで巨人対ヤクル

ト戦が行われたため、日拓ホームフライヤーズのデビュー戦は第一試合終了後の十八時五十九分からナイトゲームで開催された。

ついにこの日を迎えた西村オーナーの顔も、興奮のためか上気していた。自ら指定席入口に立ち、訪れたファン一人一人にあいさつをする。さらに、一塁側内野席にも出向いて、フライヤーズファンに礼を述べた。チーム結成からわずか三カ月にして、ようやくこの日を迎えたのだ。西村の興奮と喜びはひとしおだった。

記念すべき、開幕のスターティングメンバーは次の通り。

一番　阪本敏三（サード）
二番　大下剛史（セカンド）
三番　張本勲（レフト）
四番　大杉勝男（ファースト）
五番　白仁天（センター）
六番　千藤三樹男（ライト）
七番　加藤俊夫（キャッチャー）
八番　八重《やえ》沢憲一《ざわけんいち》（ショート）
九番　金田留広（ピッチャー）

開幕前には、「別に開幕投手にはこだわらない」と語っていた金田だったが、「ルーキー・新美が開幕か？」と騒ぎ立てる報道陣に対して、内心では苛立《いらだ》ちを覚えていた。

その苛立ちをぶつけるかのように、この日の金田は序盤から飛ばした。南海の一番・島野《しまの》育夫《いくお》をレフトフライに打ち取ったのを皮切りに、二番・桜井輝秀《さくらいてるひで》をセンターフライ、三番のウィリー・スミスをライトフライと、三つの外野フライに仕留めて、上々の立ち上がりを見せた。

一方のフライヤーズ打線は、初回から火を噴《ふ》いた。一番・阪本がいきなりレフトにヒットを放つと、二番・大下はサードゴロに倒れたものの、続いて打席に入った三番・張本は南海先発・江本孟紀《えもとたけのり》の甘く入ったボールをフライトへ2ランホームラン。幸先《さいさき》のいいスタートを切った。

日拓の先発・金田は、その後も順調だった。

2回、3回をパーフェクトに抑え、4回こそフォアボールを出したものの、ヒットは許さず、5回二死までノーヒットノーランを続けた。その後も、7回を終えて無失点。前年の最多勝投手の意地を見せた。

しかし、8回表に金田がつかまる。一死一塁の場面で、南海の代打・相羽欣厚《あいばよしひろ》に2ランホームランを喫して、2対2の同点に追いつかれた。それでも、日拓打線は8回表に四死球と相手のエラーに乗じて二点を奪って4対2と再びリードする。

勝利目前までこぎつけた金田だったが、9回裏に三番・スミス、四番・野村克也が連打で続くと、五番のクラレンス・ジョーンズに3ランホームランを浴びて勝敗は決した。

試合後、決勝ホームランを放ったジョーンズは金田を気遣《きづか》った。

「打ったのは内角高めのストレートだったけど、それまでずっとストレートも速く、カーブのキレもよかった金田にとってはミステイクの一球だった」

エース・金田を起用して万全を期して臨んだ開幕戦だったが、新生・日拓ホームフライヤーズは初陣を飾ることはできなかった。

悲願のチーム初勝利は、身長172センチメートル、ゴールデンルーキーの右腕に託されることとなった――。

＊

スーパールーキー・新美敏のプロデビュー戦は四月十七日、チーム二戦目となる対ロッテオリオンズ戦と決まった。

特別な緊張はなかった。オープン戦終盤で見せた自分らしいピッチングを披露することができれば、決して無様《ぶざま》な結果にはならないだろう。そんなことを考えていた。

そして、後楽園球場に集《つど》った公称六千人の観客たちは、新美自身が考えていた以上の現実を目《ま》の当たりにすることになる。

この日の新美は絶好調だった。初回を三者凡退で切り抜けると、3回までピンチらしいピンチを作らなかった。しかし、4回表にロッテの一番・弘田《ひろた》澄男《すみお》にスリーベースヒットを打たれて無死三塁のピンチを迎える。それでも新美は動じることなく、後続を断ち切って無失点に抑えた。試合後、山根投手コーチは、「4回のピンチを切り抜けてからいけると思った。まったく不安はなかった。百点満点だ」と、この場面を振り返った。

さらに、スーパールーキーはピッチングだけではなく、バッティングでも非凡なセンスを発揮する。4回裏には二死一、二塁の場面で、新美自らタイムリーヒットを放って先制した。この瞬間、田宮監督はベンチで控える野手陣に言った。

「お前ら、明日からバッティング練習をやめろ。全然練習していない新美が、ああして打つんだからな」

投打にわたるルーキーの活躍を受けて、ベテランも発奮する。

一点リードで迎えた5回表、ロッテは一死二塁のチャンスで、七番・醍醐《だいご》猛夫《たけお》がレフト前ヒットを放った。二塁走者の山崎裕之《やまざきひろゆき》がホームに突っ込んでくる。しかし、レフトの張本が猛然とダッシュすると、サードの阪本敏三、キャッチャーの岡村浩二へと見事なリレーで山崎を本塁でタッチアウトに仕留めた。

「後ろは抜かれてもいいと思って、前進して守っていた。とにかくトンネルしてもいいからダッシュした。早く返球することだけ頭にあった」(張本)

「あれが勝敗の分かれ目だった。前の回に一点リードしたばかりで精神的に追われる感じで苦しかったから、あれでいけると思った」(新美)

新美の言葉通り、この後は快調なペースでロッテ打線を翻弄《ほんろう》する。打っては、三番・張本が8回に2ランホームランをライトスタンドに叩き込み、日拓が4対0で勝利した。

デビュー戦での完封劇は二リーグ分裂後、十人目の快挙だった。しかし、記者からの問いかけに対しても、新美は冷静だった。

「そうですか、ちっとも知らなかったです。これで威張れますね（笑）。でも、今日は真《ま》っ直《す》ぐが走らなかったので疲れちゃった。4回のピンチを切り抜けてから、〝今日はいけるぞ！〟って思いましたね」

試合後、田宮監督の相好《そうごう》は崩れっ放しだった。

「まったくけれん味のないピッチングだ。とにかく度胸がいいんだな。まったく大したものだよ。文句のつけようがない」

攻守にわたってルーキーを援護した張本の口調も滑《なめ》らかだった。

「新美はまさに若武者を感じさせる。ポンポン向かっていくリズムは野手にとって、実に乗れる。ナインを湧《わ》き立たせるムードを持っている得な性格だよな」

新美の快投に脱帽していたのは、敵将であるロッテの金田監督も同様だった。

「ホリ（堀内恒夫《ほりうちつねお》）や江夏《えなつ》（豊《ゆたか》）ほどのスピードは出ないが、実にイキのいいピッチングをしよる。パ・リーグのためにも、こういった若手が出てくるのはいいことだよ」

自軍も、敵軍も驚嘆させる上々のデビューを飾ったのだった。

歓喜のプロ初勝利から四十年以上が過ぎた現在、新美の胸の内には、試合後に繰り広げられた田宮監督とのやり取りが、今もなお生々しく息づいている。

試合後、新美は田宮監督から直々《じきじき》に「メシ食いに行くぞ」と声をかけられたという。田宮の後をついていくと、そこで待っていたのは運転手付きのベンツだった。

「そのベンツに乗って、後楽園球場から銀座まで行ったんです。当時、僕はまだ二十歳で酒も飲まなかったし、銀座の女に別に興味もなかったし、〝早く帰りたいな……〟って、ずっと思っていましたね（笑）」

このとき、新美は田宮の懊悩《おうのう》を垣間見《かいまみ》ることになる。

「田宮さんが、僕に言うんです。〝本当はお前を開幕投手にしたかったんだが、うちにはうるさいのがいっぱいいるからな……〟って。その姿が印象に残っているからなのか、僕は今でも、〝田宮さんはかわいそうな監督だったな〟って思いがあるんです」

張本や白、大杉ら個性的なメンバーがそろうフライヤーズにおいて、「田宮監督は、かなり苦労しているだろうな」と、新美は感じていたという。

プロ初勝利から長い年月が経過した現在でも、その喜びよりも、車中の田宮の姿が新美の胸には強烈に残っているのである。

## 待望のレドモンが来日するも……

ゴールデンルーキーの華々しいプロデビューはあったものの、その後のフライヤーズはなかなか波に乗り切れない日々が続いていた。新美の快投をきっかけにチームは三連勝を記録したが、四月を終えて十一試合を戦い四勝六敗一分けという成績だった。

それでも、まだ希望の光はあった。開幕して間もなく、西村昭孝オーナー、田宮謙次郎監督に、待ちに待った朗報が届いた。三月に監督自ら獲得交渉に当たったレドモンが、ようやく来日したのである。本来ならば、開幕直前となる四月上旬にチームに合流する予定だったのだが、入国審査に手間取ってしまい大幅に来日が遅れることとなった。

しかし――。

リンダ夫人と愛娘のエリザベスとともに、羽田空港に到着したレドモンを見て、関係者は驚いた。話に聞いていた体形よりも、ずっと太目だったからだ。公称77キログラムと言われていたが、来日時には86キログラムだったことがすぐに判明する。不安を感じさせるファーストコンタクトとなったが、開幕前に獲得が噂《うわさ》されていたブラッドフォードとの契約交渉は自然消滅。頼れる外国人助《すけ》っ人《と》はレドモンただ一人だった。

開幕から一週間が経過しようとしていた四月二十日に来日したレドモンは、時差ボケ対策を兼ねて東京・銀座東急ホテルに二日間滞在した。そして、「まだ朝四時頃に目が覚める」と言っていた二十三日にチームの待つ大阪に合流。田宮監督以下、フライヤーズナインとの対面を果たした。

この頃、フライヤーズ内野陣は非常事態に陥っていた。

内野のキーマンとして存在感を誇っていた大下剛史が開幕早々、骨折でリタイア。さらに、高橋博《たかはしひろし》も故障で離脱。また、キャンプ三日目にはセカンド、ショート、サードを任せられる末永吉幸《すえながよしゆき》がランダウンプレーの最中に膝《ひざ》のじん帯を断裂。復帰までに三カ月を要すると診断されていた。そのため、日拓内野陣は崩壊《ほうかい》の危機にあり、その代役をルーキーの相本和則が務めていたものの、力不足の感は否《いな》めなかった。

そんな状況下でのレドモンの合流。田宮監督をはじめ、首脳陣の期待は大きかった。しかし、来日を待ち焦《こ》がれていた「恋人」はひと目で調整不足だとわかる体形だった。

本人は「三、四日練習すればゲームに出られる」と言うものの、田宮監督は「今、無理をしたら身体がパンクする。早くても二十八日の太平洋クラブ戦あたりからの出場になるだろう。でも、常時出場というわけにはいかないだろうけれどね……」と、歯切れの悪いコメントが続いた。

初めての打撃練習を見た杉山悟《すぎやまさとし》コーチは、次のようなコメントを発表した。

「むやみに振り回すバッターではないので安心した。少し粗削《あらけず》りなところがあるが、まだ二十五歳と若いので、これから日本のピッチャーに慣れれば、かなりやれると思う」

この言葉は本心だったのか、それとも希望的観測だったのか？　いずれにしても、現状打破を目指すチームの起爆剤となることが期待されていた。

二十五日の南海ホークス戦では代打出場。いきなりあいさつ代わりの内野安打を放って、首脳陣を安堵《あんど》させた。そして、本拠地に戻ってきた二十八日、後楽園球場での太平洋クラブとの一戦がレドモンのスタメンデビュー戦となった。

この日はダブルヘッダーの初戦にスタメン出場すると、第二打席で太平洋先発の三浦清《みうらきよ》弘《ひろ》からレフトへ来日第一号をお見舞いした。

「実に気分がいい。今日はスタメン出場なので、初めから燃えていたが、とてもラッキーだ。ホームランは少し詰まっていたけど、よく飛んでくれた。これからもチームのために、どんどん打ちたいと思う」

この日は7対6で太平洋クラブに勝利。レドモン効果がさっそく現れる形となったように見えた。しかし、その後レドモンは周囲の期待に応えることなく下位打線を任され、やがて試合出場も減っていくことになる。

天皇誕生日だった二十九日、後楽園球場には三万七千人の大観衆が詰めかけた。試合開始直前には内野A指定席が完売。観客はこの試合を楽しみにしていた。

しかし、これは「日拓人気」ではなく、「太平洋クラブ旋風」によるものだった。前年までの西鉄時代と打って変わって、この時点でのライオンズは絶好調で、真《ま》っ赤《か》なユニフォームを採用し、「赤い旋風」を巻き起こしていた。

結局、太平洋クラブは二十八日のダブルヘッダー第二戦に勝利し、翌二十九日、そして三十日にも快勝。この三連勝の結果、四月終了時点で首位に躍り出たのだ。一方、もう一つの「新生球団」である日拓は、前述したように四月終了時点で十一試合を戦って四勝六敗一分け。阪急ブレーブスと並んで同率四位というスタートを切った。

太平洋相手に一勝三敗と負け越したものの、二十八日から三十日にかけての対太平洋クラブ四連戦では、後楽園球場に十万五千人の大観衆が集まった。

「勝負には負けましたが、商売の方は大勝利ですよ。とにかく当日売りが飛ぶような売れ行きでした。天気にもスト明けにも恵まれましたが、これほどまでとは……。三日間でざっと三千万円近い売り上げがありました。まさに太平洋さまさまですよ」

田沢八十彦球団代表の声は弾んでいた。

例年までとは違って、この年からは前後期制が導入されていた。

七月上旬には、早くも前期は終了し、一区切りがつくことになる。スタートダッシュには成功しなかったが、少しでも早く態勢を立て直して前期優勝を狙うべく、日拓ホームフライヤーズは五月に臨むこととなった。

## 兄・正一と弟・留広——金田兄弟の強い絆

前年の五月には十三勝八敗二分けを記録して二位に浮上していた。それを受けて、田宮謙次郎監督は言う。

「五月になると投手陣に落ち着きが出てくるし、打線の方もやっと感じをつかんで、畳みかけるようになる。スタートからこういければいいのだが、そうはいかない。気候とか、いろいろ関係してくるのだろう。また今年も去年みたいにいきたいものだ」

しかし、五月になっても結果がなかなか伴わなかった。その苛立《いらだ》ちを象徴するかのように、三日の阪急戦で田宮は、判定を不服として審判へ暴行を働き、三試合の出場停止処分を受けた。このため、四日から六日にかけて行われた平和台球場での対太平洋クラブ三連戦はベンチに入ることができなかった。

開幕当初は、金田留広、新美敏、渡辺秀武、高橋直樹、森中通晴《もりなかみちはる》の五人の投手でローテーションを回していたものの、この頃になるとすでに田宮監督は再考を迫られていた。

「もう、これ以上は負けられない。これからは金田、新美を軸にフル回転で行く。この二人にはきつい日々が始まると思うが、とにかく前半に点をやらないゲームをやる」

監督の発言に対して、山根俊英ピッチングコーチも苦しい胸の内を吐露《とろ》する。

「他の投手が出そろうまでは何とか我慢してほしい。金田も新美も、少しは休ませたいが、チームを立て直すために目をつぶらざるを得ない」

しかし、「金田と新美を軸に」と発言した直後のこと、チームに不協和音を生み出す事態が起こった。

五月十六日、川崎球場での対ロッテ戦試合後のことだった。

この日先発して0対2で敗れた後の金田留広の発言が問題視されたのだ。このとき、金田は報道陣に対して、次のようなコメントを発した。

「もうロッテ戦で投げるのはイヤだ……。勝っても負けても、ヘンな気持ちになる。もし、それができないのならば、僕をトレードに出してもらうか、兄貴が今年限りで監督を辞《や》めてもらうしかない……」

この発言だけでも、チームの士気を下げるには十分だったのに、ロッテの指揮を執る兄・金田正一監督の発言が、さらに混乱に拍車をかけることになった。

「そうや、アイツはウチで投げるのが一番ええんや。もし、今日のゲームもワンサイドでウチが勝っていたら、何を言われたかわからんものな。西村オーナーに頼んでトレードでもしてもらうか」

ロッテは依然として首位争いを演じていた。それを受けて留広が言う。

「こうなったら、ロッテに優勝してもらいたい。そのためには、南海、太平洋戦に全力を尽くすつもり……」

シーズン途中にもかかわらず、そして、監督が「ローテーションの軸だ」と期待していたにもかかわらず、当の留広自身がこのような発言をしてしまったのだ。

このとき、兄・正一は三十九歳、弟・留広は二十六歳だった。

早くに父を亡くした金田兄弟は、年の離れた兄・正一が父親代わりとなって、留広の身の回りの面倒を見てきた。大学、社会人、そしてプロ入りに際して、常に弟への愛情を惜しみなく注いでいた。もちろん、留広も、兄の愛情に心からの感謝をしていた。

それゆえに、勝負の世界の住人でありながら、ともに非情に徹することができなかった。

この頃、ようやく戦列に復帰したばかりの大下剛史は、この「留広発言」に驚いた。当時のことを大下が述懐する。

「あんな発言はチームの士気を下げる、下げるもいいとこよ。口が裂けてもあんなことを言っちゃいけない。戦争に行ってて、自軍に敵軍のことを思うとるヤツがいたら、戦いにはならんじゃろ。味方に後ろからやられるかもしれんのやからな。あんな発言をしたことによって、チームメイトも相手にせんようになる。多分、彼もチームに居《い》づらくなっちゃったんじゃないの？　いずれにしても、あんなことは絶対に言っちゃいかんね」

そして、「留広発言」はさらなる波紋を広げる。

この発言に対して、田宮監督は「プロにあるまじき言動」と表明。さらに二十一日深夜には田沢代表が西村オーナーの自宅を訪問し、対応を協議した。このとき、両者は「金田の考え方は間違っている。こんな言動が平気でチームにまかり通るなら試合には勝てない。金田はもう使わなくてもいい」という結論に至っている。

これを受けて、留広は西村オーナーに電話で謝罪をしたものの、両者に禍根《かこん》を残したという事実は何も変わらなかった。二十二日には田沢代表が留広に厳重注意を行う。事態は泥沼化する一方だった。

しかし、これはまだ「序章」にしか過ぎなかった。

二十二日から二十四日にかけて、日拓は太平洋クラブを相手に三連戦を行った。二連勝で勢いに乗る日拓だったが、二十四日の昼過ぎに金田だけが一人で帰京する。十九日、二十日のダブルヘッダー三連戦で三連投したことによる「腕の張り」が、その理由だった。

その結果、後楽園球場で行われる二十五日の対ロッテ戦にも金田は登板しなかった。この日、右上腕二頭筋の故障が明らかになり、自ら二軍降格を申し出たからだった。

金田の発言が巻き起こした混乱はチームに不協和音をもたらすことになった。同時に、「金田と新美を軸にしたい」と考えていた田宮監督の構想も軌道修正を余儀なくされることになり、そのしわ寄せはルーキー・新美の右肩に重くのしかかることになった。

本来ならば、反撃態勢を整えて「五月攻勢」を仕掛けたい日拓ホームフライヤーズだったが、その目論見《もくろみ》は完全に潰《つい》えてしまった。

田宮監督の悩みは、まだまだ尽きそうになかった。

こうした混乱を受けて、西村オーナー、田宮監督、田沢代表による三者会談が行われた。騒動の発端となった「金田発言」の翌十七日、田宮は西村邸を訪問している。このとき田宮は西村に、「進退伺」を申し出る。しかし、西村は田宮に言った。

「私は田宮監督を信頼している。このまま、自分の思い通りのチーム作りをしてほしい」

そして、一部コーチ陣の入れ替えを示唆《しさ》して、チーム再建に臨むことになった。この頃、西村オーナーの自宅にはファンからの苦情、不満の電話が殺到していた。さらに、東京・西池袋の日拓ホーム本社にも、「ふがいないフライヤーズをどうにかしろ」というクレームが押し寄せていた。その対応策としての面談であり、コーチ陣のテコ入れ案だった。

しかし、その後も「監督更迭《こうてつ》」報道が紙面を飾り続ける。

二十四日付の日刊スポーツでは、「今は田宮の辞表待ち?」という文字が躍っている。

西村オーナーが田宮監督の能力に疑問を持ち出したのは五月十三日の阪急戦だった。母の日のカーネーションプレゼントでスタンドを盛り上げたその日、声援のかいあって八回裏まで6—2とリードした。勝利は九分九厘、日拓のものとみえた。これが九回表に阪急に7点を奪われて逆転負けを喫してしまったのである。田宮監督にとってこのゲームが高い代償となったのだ。

「田宮監督という人は勝負運がないんだね。現在8勝か9勝しているようだが、勝負運の強い人なら勝ちと負け（16敗）が逆転、あるいは最悪でも五分はいっていると思うね。経営者にも準備段階までは着々とやっていても、ここが勝負というとき失敗する人がいる。それと似ているね」西村オーナーが会員になっている財界の集まり亀清会の某会員は語る。

そして、後任監督候補として、かつて東映を率いて日本一に導いた水原茂の復帰案、六八年まで南海監督だった鶴岡一人の名前が挙げられている。また、内部昇格案としてはカールトン半田ヘッドコーチ、あるいは土橋正幸二軍監督が取りざたされている。

開幕してまだ一カ月足らずにもかかわらず、日拓内部は混乱の極みにあった——。

＊

七三年五月二十三日——。

この年の藍綬褒章《らんじゅほうしょう》受章者が決定し、そこには大社義規《おおこそよしのり》の名前もあった。

戦前の四二年に徳島《とくしま》食肉加工場（のちの徳島ハム）を設立。やがて大阪に拠点を移して、六三年からは日本《にっぽん》ハムに商号を変更。一代で日本有数の食肉加工のトップリーダーにのし上がった敏腕経営者だった。

野球界において、彼の存在がクローズアップされるのは、これから半年後のことである。そして、大社の藍綬褒章受章が、日拓ホームフライヤーズにとって、さらに、日本プロ野球界にとって、後に大きな意味を持つこととなる——。

# 第六章
# 西村オーナーの方針転換
# ——田宮監督解任

神宮決戦初戦をサヨナラ勝ちで制し万歳するロッテ・
金田監督。第二戦では意地を見せた日拓だったが……

## 二転三転する「田宮監督去就報道」

エース・金田留広による「兄貴のいるロッテとは戦いたくない」発言や、西村昭孝オーナー周辺から漏《も》れ伝わってくる「田宮謙次郎監督不信任」の動きなど、前期にしてすでに混乱をきたしていた日拓ホームフライヤーズ。

五月終了時点では早くも一位・ロッテオリオンズとの差を8・5ゲームに広げられ、六位・近鉄《きんてつ》バファローズとは僅差《きんさ》の五位につけていた。そんな日拓を尻目に、金田正一監督率いる新生・ロッテと、この年から新たに誕生した太平洋クラブライオンズとの「遺恨《いこん》試合」の効果もあって、一九七三（昭和四十八）年のパ・リーグは活況を呈していた。

これは、ロッテの金田監督と、太平洋クラブの稲尾和久《いなおかずひさ》監督、坂井保之球団代表との間で、「パ・リーグを盛り上げるために、お互いを挑発しよう」と話し合ったことが発端だった。しかし、当初の思惑《おもわく》を超えて、血気盛んな九州の人々を中心に騒動は次第にエスカレート。福岡の平和台球場には機動隊が出動する騒ぎとなっていた。

真《ま》っ赤《か》なユニフォームで「赤い旋風」を巻き起こしていた太平洋クラブの躍進は本拠地である九州はもちろん、全国の九州出身者を熱狂させていた。

この余波を受けて、後楽園球場で行われる日拓対太平洋戦でも前年までとは比較にならないほどの観客が訪れ、営業サイドは喜びを隠せなかった。しかし、肝心のグラウンド内では低迷が続き、グラウンド外では早くも「新監督擁立《ようりつ》の動き」が水面下で始まり、それを伝える報道もちらほらと出始めていた。

この頃、「日拓監督人事」は二転三転していた。六月半ばの各紙の見出しを抜粋してみると、その混乱ぶりがよくわかるはずだ。

十四日付……**「田宮に代わり土橋監督」**（報知新聞）

十五日付……**「田宮更迭《こうてつ》、前期はない」**（サンケイスポーツ）

十五日付……**「田宮解任ほのめかし　残り試合を全力で」**（スポーツニッポン）

これらの記事を総合すると、西村オーナーはすでに田宮監督に見切りをつけて後任監督人事に着手していたことがわかる。しかし、シーズン途中ということもあってなかなか適任者が見つからなかった。そこで、後期からは二軍監督を務めていた土橋正幸を代行監督として昇格させ、同時に張本勲をヘッドコーチとして、土橋の参謀《さんぼう》とする——。

こうした青写真を西村は描いているという内容だった。

そんな折に起こったのが、主軸を任されていた白仁天と田宮監督との確執だった。

六月九日、後楽園球場で行われた南海ホークス戦でのスタメン出場を最後に、翌十日から白は二軍落ち。スポーツ新聞紙上では、「(白は) 精神的にスランプになっている。睡眠不足だとも言っている」という田宮監督の発言を基に、「白のノイローゼ説」が噂《うわさ》された。しかし、その一方では九日の対南海戦のダブルヘッダー二試合目において、白がバントのサインを無視して凡打に終わり、次の回からベンチに下がっている事実を受けて、「田宮監督との確執による懲罰《ちょうばつ》降格」という憶測も飛んだ。

この頃、白だけではなく、大杉勝男もまた田宮監督との確執に悩まされていた。

大杉は不振にあえいでいた。まったく調子が上向きになる気配がないまま、打率二割台前半で、ホームランもなかなか量産されなかった。開幕以来、四番を任されていたものの「打率を稼ごう」という狙いで、外角球を軽打することを心がけているうちに、肝心の内角球に振り遅れるようになってしまったのだ。さらに、その重圧と焦《あせ》りによって、外角のボールの見極めも不安定になっていく。

わずか二試合ではあるが、五月十三日、十五日の試合では六番に降格もされた。

「プロに入って二〜三年目まではあったけど、ここ五年間ぐらいは六番なんて打ったことはなかった。でも、チームが勝つためにこの方がいいというなら仕方がないよね。正直言うと、今はゲームに出られるだけでもいいという感じだね」

報道陣に対して殊勝な発言を口にはしていたが、大杉のプライドは傷ついていた。

当時、チームの主力選手として田宮監督と接してきた張本勲の言葉は厳しい。

「大杉は純真なヤツだったから、性格的に引くことができない。それで田宮さんとぶつかっていた。田宮さんもそんな大杉のことを面白く思っていない、そんな状態でしたね。僕は大杉のことを弟分としてかわいがっていたんだけど、夜、一緒に食事をしていると監督への不満ばかりでした。〝スギ、気持ちはわかるけど、そんなことを言うな〟って言ってても、〝何でわざわざ負けるように仕向けるんだ〟っていう思いが溜《た》まりに溜まっていましたよね」

そして、張本による「田宮監督評」が始まる。

「残念だけれど、田宮さんは監督になるような人間じゃない。監督をやっていい人間と、そうじゃない人間がいるけど、監督をやっちゃいけない人間が監督になったら、チームも本人も不幸ですよ。田宮さんはね、男として、人間としてつき合うといい人なの。酒も強いし、話も面白いし……。ところが、勝負となると駆け引きができない。将棋で言えば、〝桂馬《けいま》の高飛び歩《ふ》の餌食《えじき》〟って、そういうタイプの人だね」

張本には今でも忘れられない光景があるという。

「たとえば、当時、三沢今朝治《みさわけさはる》という代打の切り札がいて、田宮さんは序盤の3回くらいに、投手の打席で、〝代打、三沢！〟って起用するんだけど、僕らは〝まだ早いんじゃないの？〟と内心で思うわけです。そして、三沢がヒットを打つ。田宮さんは〝ほれ見ろ、ワシの言った通りだ〟って喜ぶんだけど、その試合の後半でまたチャンスが来ると、平気で〝代打、三沢！〟って言うんだよね（笑）」

ここから、上下《かみしも》をつけて抑揚《よくよう》のある張本の独り語りが始まる。

「監督、三沢はもう出しましたよ！」

「えっ、誰が出した？」

「いや、3回にすでに監督が起用しました」

「えっ……？」

張本の語りが熱を帯びてくる。

「カーッとなるから、全然覚えていないの。そういう人が監督をやったらダメですよ。選手はそういう姿を見ているわけだから、そりゃあ、小馬鹿にしますよ。えっ、私？　もちろん、私もそうです。言葉は悪いけど、相手にしていなかったから。自分の成績さえ残せればいいと思ってプレーするタイプでしたから。ところが、大杉や白は純粋だから、そういう割り切りができなかった」

さまざまな火種を抱えつつ、ペナントレースは進んでいたのだった。


こうした状況下にあっても若い選手たちは無我夢中で白球を追っていた。

投手では新美敏が奮闘していたように、野手では持ち前の俊足を生かして大室勝美がハッスルプレーを続ける。白がスタメン落ちして以降、大室がセンターとしてスタメン出場する機会が増えていく。

「当時ルーキーだった僕は、田宮監督と白さんとの間に何があったのかを知るポジションにはいませんでした。でも、白さんの離脱後からはスタメンで試合に出る機会が増えていき、〝毎日、野球をしているな〟と実感するようになりました。バッティングはまったく自信がなかったけど、この頃は打撃も好調で、楽しく野球をやっていました」

現在の茨城県筑西《ちくせい》市にある旧制下館《しもだて》商業出身の田宮監督は、土浦日大高校出身の大室を同郷の後輩としてかわいがり、何かと目をかけていた。

期せずして訪れたチャンスを生かすべく、大室は頑張った。

白が離脱してすぐの十日の対南海戦で大室は代打で登場。６対７と一点ビハインドの場面で、西川克弘《にしかわかつひろ》の甘く入ったスライダーを見事にとらえてライト上段へプロ初ホームランを放った。身長１６８センチメートルの伏兵《ふくへい》による思わぬ一発に驚いたのは敵将・野村克也監督だけではなく、味方である日拓ナインもまた同様だった。

「ホームランを打てるなんて思っていませんでしたからね。うまく風にも乗ったんだと思うけど、まさかあんなに飛ぶとは思わなかった。僕はプロ生活で三本のホームランしか打っていないけど、あれは忘れられない一発でしたね」

当時の様子がありありと浮かんだのか、大室の笑顔が弾けた。

この試合では、プロ二年目の千藤三樹男も存在をアピールした。

まず、３回に第四号ホームランを放ち、７対７の同点で迎えた９回裏には、江本孟紀の失投をとらえて、サヨナラホームランを放ったのだ。早稲田大学からプロ入りして二年目。早大の同期には谷沢健一《やざわけんいち》、荒川尭《あらかわたかし》、小田《おだ》義人《よしひと》ら、錚々《そうそう》たる顔ぶれが並んでいた。この年の新春に結婚したばかりの千藤は燃えていた。当時の思いを、本人が述懐する。

「この頃は大杉さんが不調で、自分が三番を任されることが多かったんです。三番が僕、四番が張本さん、そして五番が大杉さん。このサヨナラホームランのことはよく覚えていますよ。ピッチャーは江本（孟紀）だったと思いますね。二年目のジンクスなんか全然感じていなかったし、試合にも出させてもらえるようになっていたし、ものすごく燃えていましたね」

混乱するチームにおいて、若い力だけが唯一の希望の光だった。

## 六月十六日――大偉業の裏側で

ロッテと南海の首位争いが続いていた六月十六日、後楽園球場で行われた近鉄バファローズとのダブルヘッダー。この第二試合において、記念すべき偉業が達成された。先発の高橋直樹がノーヒットノーランを記録したのだ。

かつて、東映フライヤーズのエースだった土橋正幸が背負っていた背番号《21》を受け継いで六年。ゆったりとしたフォームが特徴で抜群のコントロールを誇るアンダースロー投手は、この日は絶好調だった。コーナーを丹念につくストレートを見せ球に、カーブとシュート、そしてシンカーが面白いように決まっていく。

初回をわずか十球で終えると、近鉄打線の早打ちにも助けられて、2回は九球、3回は十一球と、序盤三回をわずか三十球という省エネ投球が続いた。

すでに古希《こき》を迎えている高橋は、この日のことを鮮明に記憶している。

「この日はすごく調子がよかったんです。元々、近鉄打線は四番の土井《どい》（正博《まさひろ》）さんをマークしていれば大量得点は取られない。近鉄の本拠地だった日生《にっせい》球場は狭い球場ですから、ゴロを打たせるためにシンカーを磨いたんです。それが、この日も活《い》きました。5回ぐらいまでは特に意識はしていなかったんですけど、打者が二巡した辺りから少しずつ意識するようになっていきました……」

前述したように、この日はダブルヘッダーだった。第一試合が行われている間、近鉄打線をじっくりと観察する時間が高橋には与えられていた。

「……第二試合がいつ始まるかはわからないわけだから、調整は難しいと言えば難しいのかもしれません。でも、逆にじっくりと第一試合を見ることができたのはプラスになったと思います。第一試合の途中まで、僕は後楽園球場のバックネット裏で試合を観戦していました。正面に座れば打者のクセのようなものが見えてくるし、研究もできるんです。そうすると、〝あっ、このバッターは緩急に弱いな〟って発見もありましたね。試合前に色々な気づきがあったことで、気持ちの余裕も生まれたんだと思います」

元々はオーバースローだった高橋は、アンダースローで投じたり、上から投じたりすることもあった。あるいは、外角のボールゾーンからストライクゾーンに変化するボールを投げて相手打者を翻弄《ほんろう》もした。いずれも、打者のタイミングを微妙に狂わせるための高橋なりの投球術だった。

「テイクバックはアンダースローのフォームでリリースはオーバースローにしたり、今でいう《バックドア》、つまりアウトコースのボールゾーンからストライクゾーンに入ってくる変化球を投げたり、このときもいろいろなことをしましたね。僕はコントロールには自信があったので、その辺は臨機応変《りんきおうへん》に投げわけていましたね」

試合中盤のことだった。

センターからベンチに戻った大室に、張本が言った。

「おい、チビ。やらかすなよ……」

自分のことを「チビ」と呼んでいた張本の言葉の意味が、大室には理解できなかった。

「確か6回ぐらいだったと思いますね。ベンチに戻ったら、張本さんが〝おい、チビ。やらかすなよ〟って言うんです。何も気づいていなかったけど、この時点でまだナオさんは完全試合をやっていたんですよね（笑）」

5回終了時点で高橋の投球数はわずかに五十三球。走者は一人も許していなかった。一方の日拓打線は近鉄先発の佐々木宏一郎《ささきこういちろう》に苦戦していたものの、4回裏に一番・大下剛史がフォアボールで出塁すると、すかさず盗塁を決め、続く二番・大室の内野安打で無死一、三塁のチャンスを作った。一死後、四番・張本が敬遠されて一死満塁となったところで、五番・大杉がセンターへ犠牲フライを放って待望の一点を奪っていた。

「たいてい、こういう試合というのは大量援護は望めないものなんです（笑）。だから、

一点をもらった後でも、特に意識することなく淡々と投げられましたね」（高橋）

一方、センターを守っていた大室は緊張の極致にあった。

「僕がセンターを守っていて、レフトが張本さんでした。でも、普段からハリさんは左中間のきわどい打球が飛んでくると、〝チビ、まかせたぞ！〟って言って、打球を追いかけようとしないんです（笑）。ましてや、この日は完全試合がかかっているから、僕も普段以上にセンターも、レフトも意識していました」

この日の近鉄打線の打球は、なぜかレフトへの打球が多かった。初回に二つ、3回と5回に一つずつ張本の下に打球が飛び、そのたびに大室は生きた心地がしなかった。

この日の試合で、大室には忘れられない思い出がある。

「試合中、僕は間違えて三浦（政基）のグラブをつけてセンターを守っていたんです。僕も三浦も、同じローリングスのXPG7を使っていたんです。それまではXPG3だったのをこの年だけ7に代えていて、ベンチを出るときに間違えて持ってきてしまったんです。で、センターを守っているときに、〝あっ、これオレのじゃねぇや〟って（笑）」

大室の白い歯がこぼれる。それが、緊張のためなのかどうかはわからない。けれども、この日からかなりの時間が経過した今でも、「三浦のグラブ」のことは、大室の記憶に鮮明に刻まれている。

## 高橋直樹、ノーヒットノーラン達成

周囲の緊張の中、高橋は淡々とアウトを積み上げていく。

5回に土井が放った一打は「あわや、ホームランか?」という一撃だったが、レフトの張本がフェンスに張りついて好捕し、完全試合はなおも継続していた。

「7回からの最後の一回りが怖かったですね。でも、7回を何とか三者凡退で抑えた。〝よし、8回もこの調子で〟って思っていたんですけどね……」(高橋)

8回表、先頭の土井をサードゴロに仕留めてワンアウトを奪った。このまま一人の走者も許さずに、残り五つのアウトを重ねれば完全試合は成立する。打席に入ったのは、「伊《い》勢大明神《せだいみょうじん》」の異名を持つ伊勢孝夫《たかお》だった。

センターのポジションから大室は息を呑《の》んでその光景を見守っていた。

「この場面で、スリーボールになったんです。確かツー・スリー(スリーボール・ツーストライク)だったと思います。センターの位置からだと、球筋がよく見えるんですけど、きわどいボールでした。でも、審判の判定はボールだったんです。〝融通《ゆうずう》を利かせてストライクでもいいじゃないか……〟って、感じたことをよく覚えています」

実際にはカウントはワン・スリー(スリーボール・ワンストライク)からの五球目だった。

高橋の投じたこの日の八十一球目は無情にもボール宣告されてフォアボールを許してしま

った。依然としてヒットは打たれていないものの、これで完全試合はなくなった。その瞬間、ベンチからは田宮監督が飛び出してくる。

「完全試合はダメでも、まだチャンスはある。ノーヒットノーランを目指して、もうひと踏ん張りだ！」

田宮の激励を受けるまでもなく、高橋に落胆はなかった。

試合後のインタビューで、「伊勢への一球はいい球を投げたけどボールになったのだから仕方ないよ」と、平然と振り返ったように、高橋はそれまでと変わらぬピッチングを続けていく。この場面で登場した代打・佐々木恭介《ささききょうすけ》の三球目に代走の石渡茂《いしわたしげる》が盗塁を失敗。この回もヒットを許すことなく切り抜けた。

代打攻勢を仕かけてきた9回には三つのアウトすべてがレフトを守る張本の下に飛んだ。そのたびに、センターの大室はハラハラしたものの、張本は無難にこれを処理。満面の笑顔で、張本はウイニングボールを高橋に手渡した。

センターバックスクリーンの電光掲示板には、「高橋直投手　ノーヒットノーラン達成」の文字が燦然《さんぜん》と輝いている。

大杉の犠牲フライで先制のホームを踏んだ大下も、「今日のナオは完璧だった。今日は彼を褒《ほ》めてやってください」と笑顔で報道陣に応じる。相手チームの主砲である土井も、「今日の高橋は真《ま》っ直《す》ぐに伸びがあったし、シュートがよく落ちた。それに、各打者に上手に投げわけていた。僕は真っ直ぐの浮き上がるボールにやられました」と素直に脱帽する。こうして、高橋は見事にノーヒットノーランを達成した。試合後のヒーローインタビューの声も弾んでいた。

「今朝、先発を告げられました。このところ調子はよかったので、今日もいいピッチングができると思っていました。完全試合をやったピッチャーは、その後がよくないというジンクスがあるから、かえってよかったのかもしれないですね。でも、やろうと思えばできていたかもしれないですけどね。今度は、パーフェクトを狙ってみましょうか（笑）」

あれから長い時間が経過した。改めて本人がこの瞬間を振り返る。

「ヤル気十分、気力十分だったので、頭の中が真っ白になったというわけではなかったけど、〝やった！〟という感じでしたね。疲れは全然感じませんでした。キャッチャーのミットに集中できていたし、結果を考えずに投げたのがよかったのかな？」

監督の解任騒動で揺れるチームにあって、この日の高橋のノーヒットノーランは久しぶりに明るい話題となった。

| | | | |
|---|---|---|---|
| 1回（十球） | 服部……二飛 | 安井……左飛 | 永淵……左飛 |
| 2回（九球） | 土井……右飛 | 伊勢……三振 | 羽田……三ゴロ |
| 3回（十一球） | 関根……投ゴロ | 岩木……左飛 | 佐々木宏……三ゴロ |
| 4回（十三球） | 服部……三振 | 安井……三ゴロ | 永淵……二飛 |
| 5回（十球） | 土井……左飛 | 伊勢……遊ゴロ | 羽田……三振 |

6回（九球）　関根……遊ゴロ　岩木……三振　佐々木宏……遊ゴロ
7回（十三球）　小川……右飛　北川……三振　永渕……右飛
8回（十四球）　土井……三ゴロ　伊勢……四球　羽田……右飛　佐々木恭……代走・石渡盗塁死
9回（十一球）　佐々木恭……左飛　近藤……左飛　クオルス……左飛

打者二十七人に対して、許した走者はフォアボール一つだけ。そのランナーも盗塁死を喫した。1四球で、残塁はゼロ。準完全試合は史上六人目の快挙だった。

また、この日の日拓が放ったヒットはわずかに二本。両チーム合わせて二安打というのはプロ野球史上初の最少安打記録だった。

## 西村オーナー自ら、「総監督」に就任か？

六月終了時点では、近鉄よりはかろうじて勝率が上回っていたものの、四位・太平洋クラブとはかなり引き離されて、日拓は五位に甘んじていた。

一方、首位を走る南海とロッテは激しい優勝争いを演じており、前期終盤まで追いつ追われつのデッドヒートを続けていた。

対する日拓はチームに蔓延する停滞ムードを払拭《ふっしょく》することはできず、田宮監督の求心力はすでに瓦解《がかい》し、空中分解の危機を迎えていた。そんな折、西村昭孝オーナーは自宅に報道陣を招いて、プロ野球界初となる驚くべき構想を発表した。

「野球も経営も根本は同じだ。人間をいかに管理して、いかに持ち味を伸ばしていくかが大事なんだ。管理が九割、技術が一割だと言ってもいいかもしれない。しかし、ここまでのチーム状況を見ていると、田沢球団代表、そして田宮監督には選手管理能力が欠けていると言わざるを得ない。これまでの野球界は野球経験者というだけで、管理の勉強はしていない。これでは選手を上手に使いこなせるはずがない」

ここまで何とか辛抱していた西村オーナーが、ついに断を下したのだ。

その要因となったのは白仁天の離脱であり、大杉勝男のスランプだった。

「白、大杉を腐らせてスランプにしたのはまずい。どの社会にもスランプはあるが、そういうときには何かいつもと違ったことをやらせて気分転換を図るようにもっていかなくてはまずいだろう」

さらに、奔放《ほんぽう》な発言でマスコミ、そしてファンの注目を集めていたロッテ・金田正一監督を引き合いに出し、田宮の「地味さ」を指摘する。

「ロッテの金田監督こそ、今年のプロ野球界、最大の功労者だろう。ファンはあの動作、言動にひかれて球場まで足を運ぶんだ。今までの堅苦しい野球に、いかに飽き飽きしていたのかがよくわかる。新聞によると、金田監督がうちの監督を評して、〝田宮監督は下手《へた》だ〟と言ったそうだが、それはそれでいい。しかし、これに言い返すぐらいの度量があれば、もっとファンが喜んだはずだ」

　そして、西村は驚くべき発言をする。

「……一番大切なことは、選手にヤル気を起こさせる方法なんだ。そして、各人各様の長所や短所をきちんと把握して、臨機応変に順応していくことが重要。これを後期からは私が直接、選手たちに伝えていこうと思う」

　この発言は、事実上の「監督就任宣言」だった。驚いた記者たちが、さらに質問を続ける。西村によると、自らが「総監督」となり、土橋正幸二軍監督を「監督」とし、カールトン半田ヘッドコーチに作戦面を任せるというものだった。

　本業が多忙で、全試合に帯同することは不可能だった。その点を尋《たず》ねられると、西村はこともなげに言った。

「そのときは電話で指示をするつもりだ。投手コーチに一週間分のローテーションを組ませて、作戦面はヘッドコーチに任せる。私は時間の許す限り選手ロッカーに行き、ミーティングをして、試合終了後には細かい点まで反省会を開き、コーチに私の方針を植えつけるつもりだ」

　野球協約上では、総監督に就任すればユニフォームでも、私服でもベンチ入りが可能となり、指揮を執ることは不可能ではない。球団買収当初、「金は出すが、口は出さない」と宣言した西村は、ついにこのとき「金も出すが、口も出す」路線に方針を転換したのだった。ついに、西村はしびれをきらしたのだった。

しかし、前代未聞の提案に対して、報道陣は目を白黒させるばかりだった。

さらに、人気回復策の一環として、そして田宮の持つ「地味さ」を一掃するために、後期からは「そのときのムードによってユニフォームの色を変える」と宣言。地味なイメージを払拭するべく鮮やかなカラーリングの新ユニフォームで臨むことも併せて発表された。

これらの発言は、事実上の「田宮更迭宣言」だった。「西村士官学校」と称され、「モーレツ経営」を徹底していた西村にとって、前期の惨状は我慢ならなかったのだ。

こうした不穏な状況下で、田宮監督率いる日拓ナインはパ・リーグ前期優勝のカギを握ることになった。七月三日から五日、大阪球場での南海三連戦において二勝一敗と勝ち越し、首位南海の本拠地胴上げを阻止し、南海の自力優勝を消滅させた。

さらに十日から十二日には神宮球場で二位ロッテとの三連戦が組まれており、ここでロッテが三連勝すれば逆転優勝が決まる。南海が優勝するのか、それともロッテの逆転優勝となるのか？　ペナントレースの行方《ゆくえ》は日拓がカギを握ることになった。

南海は三十八勝二十六敗一分け、勝率・五九四で前期全日程を終了していた。一方のロッテは日拓を相手に三連勝すれば、三十七勝二十五敗三分け、勝率・五九七で逆転優勝となる。つまり、ロッテは一つの引き分けすらも許されない状況にあった。対する日拓も、この三連戦で一勝すれば五位が確定する。

両チームにとって、それぞれに意味のある神宮決戦が始まろうとしていた。

大事な三連戦、日拓の先発は初戦がノーヒットノーランを達成して意気軒昂《いきけんこう》の高橋直樹、続いて十一日の第二戦はこの年巨人から移籍したばかりの渡辺秀武、十二日の第三戦を三浦政基が務めることとなった。頼れるルーキー・新美敏はリリーフとしてスクランブル登板する予定だった。

前期優勝のためには、一つも負けられない金田ロッテと、何とか五位を死守するために一勝はしたい田宮日拓との三連戦。そして、その行方を固唾《かたず》を呑んで見守るしかない野村克也率いる南海。

金田はこの三連戦を「東京音頭シリーズ」と名づけていた。試合前にはスタッフがレコード店を駆け回ってようやく見つけた「東京音頭」が繰り返し流され、「いい歌だねぇ」と上気した表情で金田は笑っている。

一方の田宮は、「絶対に目の前で胴上げをさせない。オレたちの意地を見せようじゃないか」と選手たちを鼓舞《こぶ》している。対する野村は西宮の自宅で、集まった報道陣を相手に雀卓《ジャンたく》を囲みながら、ラジオ中継に耳を傾けている。

三者三様の思いを胸に、決戦の火ぶたが切られた——。

## 観衆九万七千人が詰めかけた「神宮三連戦」

「……神宮三連戦？　その初戦に僕が投げたの？」

ノーヒットノーランのことは克明に記憶していた高橋直樹は、公称四万一千人の大観衆で埋まった、七月一日の神宮球場のことは記憶していなかった。

「ロッテにも、南海にも優勝の可能性があったのか……。自分のチームが優勝するのなら記憶も鮮明だけど、よそのチームのこととなるとやっぱりね（笑）。今まで弱かったロッテに金田さんがやってきてから、急にお祭り騒ぎになって強くなっていきましたよね。たぶん、当時は〝いっちょ、いじめてやるか〟って考えていたんじゃないのかな？」

その言葉通り、大事な初戦に先発した高橋は、「ノーヒットノーラン投手」としての意地を見せた。

4回裏にアルトマンに第十七号ホームランを喫し、7回裏にラフィーバーに第十六号を浴びたものの、いずれもソロホームランで、7回を終えた時点で二失点の好投を披露した。対する日拓打線はロッテ先発の成田《なりた》文男《ふみお》を攻めて、3回に一点、4回に二点、さらに7回に一点を奪って、試合の主導権を握っていた。

何としてでも勝利をつかみたい日拓は、8回途中からリリーフとして新美敏を二番手で起用。万全の継投策で逃げ切りを図ることとなった。

8回、一死満塁のピンチを何とか切り抜けた新美は二点リードのまま9回を迎えた。

この回先頭のラフィーバーを三振に打ち取った新美だったが、続く山崎裕之にはライト線にツーベースヒットを喫してしまう。しかし、代打・土肥健二《どいけんじ》をレフトフライで切り抜け、「あと一人」までこぎつけた。ところが、二死二塁の場面で、同じく代打の榊親一《さかきしんいち》がライト前ヒット。山崎がホームインしてロッテは一点差まで詰め寄った。

球場中が騒然としている中、新美は懸命に投げ続ける。しかし、一度ロッテに傾いた流れは止まらなかった。ロッテの代打策はさらに続く。続いて登場したのが岩崎忠義《いわさきただよし》だった。ここで岩崎もライト線へのツーベースヒットを放って、代走の吉岡悟《よしおかさとる》が同点のホームイン。この戦いのわずか一カ月前に遠征先の宿舎で、岩崎は父の訃報《ふほう》を聞いた。東京に向かうナインと分かれて、故郷の大分に急いで向かって亡骸《なきがら》と対面を果たしていた。

殊勲の同点打を放った岩崎の瞳は興奮と感激で潤《うる》んでいた。

「盗塁のサインに合わせて、外角球を狙いました。見逃せばボールだったかもしれないけど、抜けてくれると信じていました」

9回ツーアウトからのまさかの同点劇。ロッテベンチ、大観衆の興奮が収まらない。この瞬間、グラウンドには多くのビンや缶、そして座布団が投げ込まれた。当然、試合は中断を余儀なくされた。この時点で試合時間は三時間十分を経過していた。この頃の規定では「試合時間三時間二十分を超えたら延長戦にはしない」となっていた。

タイムリミットまで残り十分。ロッテは引き分けでも優勝を逃してしまうことになる。

ここで、金田監督自ら外野に走って散乱物を片づけ始めた。ロッテベンチからは全ナインが後に続く。外野席観客もグラウンドに飛び降りて、一緒に手伝い始める。

その甲斐《かい》あって、ようやく試合は再開。一番・弘田にチームの命運がかかっていた。

そして、さらにドラマは続く。ここで打席に入った一番・弘田は「必ず新美はカーブを投げてくる」と読んでいた。そして、まさにそのカーブをとらえたのだ。

打球は詰まっていた。しかし、弘田にはツキがあった。打球はセンターの前にポトリと落ちた。塁上の岩崎が一気にホームを駆け抜ける。

ロッテの劇的すぎるサヨナラ勝利だった。

マウンド上で呆然《ぼうぜん》とする新美。このときの心境を改めて振り返る。

「当たりはどん詰まりでしたね。同点のツーベースは一、二塁間のハーフライナーでした。一塁の大杉さんはその打球を捕れなかった……。僕の他に八人の選手が守っていたけど、あの頃の日拓できちんと守っていたのはセカンドの大下さんだけでしたから」

歓喜に沸《わ》くロッテナイン。日頃は奔放な言動が目立つ金田も、このときばかりは言葉を失うほど感激に打ち震えていた。

ロッテ先勝——。

ペナントレースの行方は、翌十一日の第二戦に持ち込まれることとなった。

## 運命の第二戦——日拓ナインの意地

前日の試合終了後、神宮球場事務所には「明日のチケットはまだ買えるのか？」という問い合わせが殺到した。翌十一日十一時からの当日券発売と同時に、すぐにソールドアウトとなり、急遽《きゅうきょ》、当初の予定から一時間繰り上げて、十六時から開門されることになった。ラジオでもNHK第1とニッポン放送が神宮からの中継を決めていた。

この日、神宮球場に詰めかけた観衆は五万三千人。この頃はまだ実数発表ではなかったものの、当時の日拓ナインの多くが「本当に立錐《りっすい》の余地もなかった」と振り返るほどの熱気に包まれていた。

日拓の先発は、この年巨人から移籍してきた渡辺秀武。ロッテの先発マウンドは木樽正明《きたるまさあき》が務めることになった。「何としてでも五位死守を」と、田宮監督をはじめとする日拓ナインの期待を背負った上での登板となった渡辺を、いきなり「アクシデント」が襲う。

1回裏、ロッテ・アルトマンの打球が渡辺の左膝《ひざ》を直撃。突然の途中降板となってしまったのだ。しかし、この日ベンチにいた新美は一連の経緯について、「これはアクシデントではない」と言う。

「これは、ナベさんがピッチャーゴロを取り損《そこ》ねたフリをしただけですよ。だって、ナベさんは巨人時代に金田さんにお世話になっていたから、この日に登板することを嫌《いや》がっていましたから。それで、わざと足に当てて途中降板を申し出たんです」

これが、大乱戦の幕開けを告げる号砲だったのかもしれない。

渡辺の降板によって継投策を余儀なくされた日拓投手陣、そして先発の木樽が早々にノックアウトされたロッテ投手陣は、ともに大乱調。4回終了時点で8対7という乱打戦となっていた。

日拓の三番手として2回からマウンドに上がったのが、「兄とは戦いたくない」という失言で叱責《しっせき》を受けていた金田留広だった。汚名返上を期するマウンドだったが、兄の率いるロッテを相手に、留広は二回〇／三イニングを投げて、被安打六、五失点という惨憺《さんたん》たる結果に終わった。

巨人時代から金田にかわいがられ、専門誌上では「金田ファミリー」と称されていた渡辺の負傷降板。そして、実の弟である留広の大乱調。渡辺と留広の二人が、激しい優勝争いを演じている金田に手心を加えたという確証はない。それでも、指揮官のはらわたは煮えくり返っていた。試合後、報道陣に囲まれた田宮は、吐き捨てるように言った。

「渡辺とトメ（金田）はだらしなかった。もう少しスポーツマン精神に忠実であってほしかった……」

この発言の背後にどんな思いが潜んでいたのか、田宮の憤りは想像に難くない。

この大乱戦に決着をつけたのがチームの大黒柱だった張本勲だった。8対8の同点で迎えた8回表、二死走者なしの場面で、張本はこの日二本目となる第十九号ホームランをライトポール際に放ったのだ。

——フェアーか、ファールか？

誰もが固唾を呑んで見守る中、白球はライトポールに当たって大きく跳《は》ねた。ロッテファンの希望を打ち砕く張本の豪快な一発で、得点は9対8となった。

ここで田宮監督は前夜敗戦投手となっている新美をマウンドに指名する。

この回を抑えればロッテの優勝は潰《つい》え、日拓の五位が確定する。両軍にとって重要なマウンドだったが、この回に二つのフォアボールを与えて二死二、三塁のピンチを迎えてしまった。新美が当時を振り返る。

「このときのことはよく覚えています。マウンドに田宮監督がやってきて、僕に言うんです。〝俺の最後の試合だから、何とか頑張って抑えてくれ〟って……」

相次ぐ「更迭報道」の渦中にあって、田宮はすでに前期限りでの退陣を決意していたのだろう。このときの田宮の言葉は新美の脳裏にハッキリと刻み込まれている。

一打出ればロッテのサヨナラ勝利ではあったが、頼みの山崎裕之は平凡なファーストへのファールフライを打ち上げてしまう。前夜は打球を捕ることのできなかった一塁手の大杉が、これをしっかりとキャッチして勝負は決した。

この瞬間、南海の優勝が決まり、日拓の五位が確定。ロッテの弘田は通算九人目となるサイクルヒットを記録していたが、誰もそれを祝福する者はいない。呆然と立ちすくむロッテ・金田正一監督を尻目に、日拓ナインは安堵《あんど》の表情を浮かべていた。

殊勲の一打を放った張本が報道陣に囲まれる。

「8回のホームランも初回の一発と同じように、ストレートだった。でも、勝ったとはいえ、あまりいい気分にはなれないものだね。でも、こちらもプロフェッショナルなのだから、カネさんには悪いけど真剣勝負をしないとね……」

三番手で登板して五失点を喫した金田留広も肩を落とす。

「何かとやりづらかったのは事実。力ばかり入って、自分のピッチングができなかった。ワザと打たれたりするわけがないでしょ、そんなことやったら大変ですよ。当然、力いっぱいやった結果です……」

優勝の可能性がなくなったロッテは翌十二日のゲームも敗れた。前夜は五万三千の大観衆で埋まった神宮球場も、この日はわずか三千人。一転して、消化ゲームとなってしまったのだった。しかし、前期の終盤になって、南海、ロッテを叩いて優勝争いを盛り上げる主役となったのは紛《まぎ》れもなく日拓だった。

この日、日拓ホームフライヤーズは前期の全日程を終えた。

全六十五試合二十五勝三十七敗三分け、勝率・四〇三、首位とは12ゲーム差の五位という成績に終わった——。

# 第七章 七色のユニフォーム

土橋監督・張本ヘッドコーチの新
体制と七色のユニフォームを発表

## 「土橋・張本体制」発足

混乱ばかりが続いていた前期が終了すると同時に、宙に浮いていた「監督問題」にも、ようやくケリがつくこととなった。スポーツニッポンだけが、「後期も田宮監督」（七三年七月十二日付）という記事を掲載したものの、それ以外のスポーツ紙は「土橋正幸監督誕生」という報道が人勢を占め、実際にその通りとなった。

一九七三（昭和四十八）年七月十三日、東京・六本木《ろっぽんぎ》の球団事務所に日拓ホームフライヤーズ・西村昭孝オーナーをはじめ、土橋正幸、張本勲ら新首脳陣がそろって記者会見を行った。

この席では、かねてから噂《うわさ》されていた通り、新監督には土橋二軍監督が昇格し、張本がヘッドコーチと打撃コーチを兼任することが発表された。

これに伴い、田宮謙次郎は「球団技術顧問」という肩書きでチーム全般のお目付け役としての新たな役割を与えられ、ヘッドコーチを務めていたカールトン半田、そして打撃コーチの杉山悟はスカウト、スコアラーに異動となった。

記者に囲まれた西村は意気揚々《いきようよう》と、この人事について語る。

「うちには、一人一人は力のある選手が多い。その力を十分に発揮してもらうために土橋監督、張本ヘッドを起用したわけです。両者に任せるのは、フライヤーズを一つにまとめるのに適任だと判断したからです。力を結集して、後期はぜひとも優勝してほしい」

　このとき西村は、「土橋監督の契約期限は設けない」と発言している。つまり、結果さえ残せば恒久的に監督を続けてもいいという意味でもあり、裏を返せば結果が伴わなければ、前期の田宮のように突然の更迭《こうてつ》もあり得るという意味でもあった。

　これを受けて、大役を任された土橋の言葉は力強い。

「前期のことは水に流して、明るいチーム作りをしたいと思っています。一シーズン制の監督途中交代とは違うからね。後期のスタートはまた一からのスタートとなります。若くて骨のあるヤツをどしどし使っていき、相手をぶっ飛ばしますよ。全六十五試合、玉砕《ぎょくさい》のつもりで戦い、もちろん優勝を狙います。選手の性格を急に変えるのは無理かもしれないけど、気合いの入ったゲームだけはしていきたい。前期のジメジメムードは必ず一掃し、〝日拓は変わった〟とアピールして、ロッテ、太平洋に負けない旋風を引き起こします」

　そして、ファンへのメッセージを続ける。

「勝負はやってみなけりゃわからない。根性を前面に出して一試合ずつぶつかっていくつもりです。もし、終わってみて不適任だと判断されれば、潔《いさぎよ》く辞《や》める覚悟はできています。結果が出るまで、《ニューフライヤーズ》をよろしく応援してください」

　この日の朝、「監督昇格」の知らせを聞いた土橋は、その足ですぐに行きつけの理髪店に駆け込み、身なりを整えたという。首筋にはカットされたばかりの短い髪の毛をつけたまま、土橋は報道陣の構えるカメラに笑顔を向けた。

一方、ヘッドコーチと打撃コーチを兼任することになった張本の表情も明るい。

「土橋監督が十分に采配しやすいように、片腕として支えていくつもりです。いわば暗闇でも歩きやすいように、監督の足元を照らすちょうちん持ちとなって先頭に立っていくつもり。また、弟たちもグラウンドで存分に力を発揮できるようにしたい。選手として、指導者として、権限内のことは全力で取り組むつもりです」

さらに、「前任者」である田宮への批判も含めながら続ける。

「今年のキャンプでは打ち込み、走り込みが不足していました。あの時点ですでに、私は現在の不振を予想していました。ウチのバッターは各人、個性が強すぎるきらいにあります。色に例えれば、赤あり、黒あり、青もある。薄い黄色を白に近づけることは、ある程度は可能だけれど、黒は白にはできないもんな。特に大杉（勝男）、白（仁天）、阪本（敏三）、レドモンは鍛え直す必要がある。バッティングフォームが崩れているからね」

そして、後期開幕までに行われる長野県営球場でのサマーキャンプにおいて、猛練習を課すことを示唆《しさ》した。

「長野でのサマーキャンプでは、まず夜明けのバッティング練習をやるつもりです。午前六時、七時に叩き起こして打ち込みをする。若手も、ベテランも一緒にやらせます。暑い最中よりも、ずっと効果があるはずだから」

すでに、張本の頭の中には「再建策」がいくつも浮かんでいるのだろう。土橋同様、張本もまた燃えていた。そして、土橋や張本の熱気とは対照的に、翌十四日のスポーツニッポンには、ひっそりと田宮前監督のコメントも掲載されている。

**田宮前監督の話**

私なりに全力を尽くしたつもりだが、結果が悪く、オーナーには申しわけないことをしてしまった。正直なところ、精神的に参ってしまい、後期の指揮を任されてもいい結果は出ないと判断した。土橋君はいつかは監督になる人だと思い、私が二軍監督を頼んだわけだが、この二年間で人間的にも大きく成長した。彼の意欲的な行動と勝負強さを私は買っている。私も側面から出来る限りの援助をする。

さらにこの日、後期からの新たな取り組みとして、「カラーユニフォームの導入」も併せて発表された。この年から、赤を基調としたユニフォームを採用して「赤い旋風」を巻き起こしていた太平洋クラブライオンズにならって、日拓も後期からカラーユニフォームを採用することを決めたのだった。

選手たちからは、「派手すぎて恥ずかしい」「まるでチンドン屋のようだ」と不評ではあったが、前期を終えて「うちは地味すぎる。ユニフォームは役者の舞台衣装と同じだ」と考えていた西村はご満悦だった。

このままではいけない——。

誰もがそんな思いを抱いていた。だからこそ、「何か改革を」との意気込みで、日拓ホームフライヤーズは、後期から新たな道を進むことになった。

東映フライヤーズに入団以来、張本にとってグラウンド以外でもともに行動してきた土橋は頼れる兄貴分であり、選手たちはかわいい弟分だった。土橋を支える重要な役割を与えられたこのときの心境について、張本が振り返る。

「私が東映に入団した頃から、私は土橋さんに憧れていましたから。五分刈りにして、粋なアロハを着て、〝ハリ、行くぞ！〟って銀座に連れて行ってもらいました。土橋さんはモテるんですよ、カッコいいから。あの山口洋子《やまぐちようこ》さんが最初に惚《ほ》れたのが土橋さんだった。山口さんは土橋さんと一緒になりたがっていたんだから。あるときなんか、土橋さんに会うために駒沢の合宿所まで押しかけて来たこともあったからね」

東映のニューフェースを経て、銀座のクラブのママとなった山口洋子。後に直木賞作家となる彼女とプロ野球選手との交友関係は、しばしばマスコミの話題となっていた。

「正直言えば、後期からヘッドコーチになったことで、選手としての個人的な時間はほとんどなくなりました。練習できるのは早朝特訓だけ。試合後には夜中の二時、三時までデータを整理しながら、翌日のオーダーを考える。その繰り返しでしたから。でも、土橋さんに頼まれたらイヤとは言えないし、本気で頑張りましたよ」

こうして、後期の日拓は土橋と張本による新体制が発足。巻き返しを図るべく、再出発をしたのだった。

## 再起の長野キャンプとオールスターゲーム

七月十六日、長野県営球場において土橋新監督率いるサマーキャンプが始まった。

この年のパ・リーグの日程は変則的で、十二日に前期の全日程を終えた日拓は、後期開幕をオールスター戦を挟んだ二十七日に控えていた。約二週間という異例の空白期間があったため、パ・リーグ各球団は約十日間のミニキャンプを行うこととなった。

多くの球団が本拠地球場でキャンプを行い、選手たちは自宅から通っていたが、後期の飛躍を期す日拓が選んだのは長野の善光寺《ぜんこうじ》だった。駅から善光寺につながる、通称「善光寺街道」には早朝から参拝客と市内の大小の寺院からやってくる僧侶たちでにぎわっていた。キャンプ初日、土橋、張本ら首脳陣と選手たち一同は、キャンプの成功と後期に向けての必勝祈願を兼ねて善光寺に詣《もう》で、そのまま球場入りした。

ここで、選手たちは意外な光景を目にすることになる。

早朝にもかかわらず、球場にはすでに七十人近い地元ファンが集まっていたのである。やがて、日が高くなり昼になる頃には百人を超した。これを受けて、十八日には集まったファンに向けての「即席サイン会」を行ったところ、列は途切れることなく、選手たちはおよそ五百人にペンを走らせることになった。地元の歓迎ムードは選手たちに高揚感をもたらし、より練習に身が入る効果を生み出した。

前年の七二年から、一年のブランクを経てプロ野球界に復帰していた加藤俊夫は、このとき二十五歳となっていた。現在は古希《こき》を迎えている加藤が、このキャンプを回顧する。

「このときの長野キャンプは、とにかく練習がきつかったという思い出が残っていますね。でも、練習はきついんだけど、宿舎で食べた馬刺《ばさ》しが本当にうまかったんですよ（笑）。僕、このとき生まれて初めて馬刺しを食べたんです。長野は三沢（今朝治）さんの地元だったんで、いろいろと差し入れがあったんです。それで馬刺しを食べたんですよね。地元の方の歓迎がすごかったですね」

このキャンプの日玉は、ヘッドコーチ就任会見で張本が宣言していた「早朝特訓」だった。初日に指名を受けたのが大杉勝男、白仁天、加藤俊夫の三人だった。彼らは午前五時半に起床し、六時半にはすでにユニフォーム姿となって汗を流していた。

善光寺の門前町に響き渡る打球音は近隣の住民を驚かせたが、それもまた地元ファンの日拓への関心を高めることとなった。

「私の体験からすると、朝の素振《すぶ》りやバッティングは頭が冴《さ》えて呑《の》み込みが早く、昼間にやるよりも身につくことが多いんです。過去の大打者はみんな早朝の練習で何かをつかんでいるんですよ……」

張本の熱血指導は続く。

「……白の場合はバットを構えた位置からバックスイング幅が大きいから、それを今までの半分に修正しなければいけない」
　これに対して、選手たちも後期の巻き返しを図るべく充実した表情を浮かべる。
「朝早いのは、元々慣れているし、気分が引き締まってとてもいい。僕の場合は、とにかく前期の分を取り戻さないと……」（白）
「睡眠時間は短いけど、身体がピシャッとする。気分転換にもなるし、緊張感もあるとても尊い練習だ。前期の反省を踏まえて、後期は本来の豪快なバッティングに戻してホームランを狙っていきます」（大杉）
「シーズン中にこれだけみっちりと鍛えられることもそうそうないこと。もう一度、基礎から鍛え直すということができて、ものすごく意味のあるキャンプだ」（加藤）
　田宮監督との確執によって、本来の調子を発揮できなかった白と大杉が、ともに快音を響かせながらスタンドに白球を放り込む。同じくバッティング不振に悩んでいた加藤も、打開に向けての手応《てごた》えをつかみつつあった。
　張本の熱血指導の下、選手たちは汗を流している。江戸っ子の土橋監督の威勢のいい声がグラウンドに響き渡る。長野県内では初となるプロ野球のキャンプ開催に盛り上がる地元市民たち……。
　心機一転、後期に向けての調整は順調に進んでいた。

＊

長野でのミニキャンプ最終日となった二十一日、神宮球場ではオールスターゲーム第一戦が行われた。日拓からは大杉勝男が一塁手部門でファン投票により選出された。

さらに、パ・リーグ監督の阪急・西本幸雄《にしもとゆきお》による「監督推薦」で捕手部門・加藤俊夫、外野手部門・張本勲が選ばれた。また、遊撃手部門でファン投票一位だったロッテの千田《せんだ》啓介《けいすけ》が左膝《ひざ》の故障で出場辞退を申し入れたため、代わりに日拓から大下剛史が出場することになった。

大杉、加藤、張本、大下。混乱続きの前期を過ごし、充実のサマーキャンプを経験した四選手は、日拓戦士の心意気を見せようと燃えていた。

そして、その思いを象徴するように、オールスターゲーム初戦からは新生・日拓を象徴する新ユニフォームがファンに披露された。

黄色を基調にした新たなユニフォームに身を包んだ大下は、七番・ショートでスタメン出場して四打数二安打二打点で敢闘賞を受賞。日拓戦士の意地を見せた。

この試合では日拓の新ユニフォームをめぐって、ちょっとしたハプニングが起こった。

5回裏、セ・リーグの攻撃——。

九番・柴田勲《しばたいさお》（巨人）がヒットで出塁すると、マウンドの木樽正明（ロッテ）のボークで、柴田は二塁に進んだ。そして、一番・高木守道《たかぎもりみち》（中日《ちゅうにち》）の投手ゴロの間に飛び出してしまって、挟殺プレーの末に柴田はアウトになった。

試合後、柴田がこの場面を振り返る。

「二塁に黄色いユニフォームが入ったのかどうか、目がクラクラしてわからなかったんだ……」

セカンドに入った大下の黄色いユニフォームに目がくらみ、一瞬ひるんでしまったことで、判断が鈍りアウトになったと柴田は抗弁したのである。

これを聞いて、大下は不敵に微笑《ほほえ》む。

「そう、柴田さんはユニフォームに迷ってしまったんだ。それは面白い話だなぁ。恥ずかしいって？　いや、とんでもない。後期が楽しみじゃないの」

この日、パ・リーグは敗戦したものの、思わぬところで「新ユニフォーム」が話題となり、その「効用」が早くも発揮されたのだった。

また、7回表には代打として加藤が登場。かつての本拠地で晴れ舞台に立ったものの、ライトフライに倒れた。

「緊張のためあがってしまって、ヒザがガクガクしましたよ（笑）。でも、これで夢がかなったのだから本望です。これをきっかけにさらに頑張ります」

前年に引き続いてのオールスター選出だったが、七二年は出場機会がなかった。「今年は一度でもいいから試合に出たい」との悲願が、ようやくかなった。

加藤にとっての夢の舞台。ヒットは出なかったものの、感激もひとしおだった。

## 後期開幕、いきなりの波乱

土橋正幸新監督の下、新体制で臨むことになった日拓ホームフライヤーズ。七月二十七日、神宮球場でのロッテ戦で後期シーズンは幕を開けた。

しかし、後半戦のスタートはいきなりハプニングと混乱に満ちたものになった。サマーキャンプの間、「ウチの投手は張本、大杉を怖がりすぎる。どんどんぶっけるように二人に似せた人形を作って投げさせる」と宣言していたロッテ・金田正一監督が、いきなり退場処分を食らったのだ。

ロッテ先発の成田文男がワンボール・ワンストライクから、打者・張本の内角にカーブを投じる。すると張本は、主審の萩原寛《はぎはらひろし》がジャッジを下す前に「かすった！」とアピールして、一塁に歩き始めた。張本のアピールを受けて、萩原が死球を宣告すると、全速力で金田が駆け寄ってきた。

両手を広げたまま主審に詰め寄り、身体を押しつけながら金田は「当たっていない」と猛抗議を始めた。しかし、次第にエキサイトし、ついには萩原を突き飛ばしてしまった。

しばらくの間は耐えていた萩原も、一向に抗議を止める気配のない金田に対して退場を宣告した。すると金田は激高し、ロッテ、日拓両コーチの制止を振り切って萩原にキックを見舞ったのだ。

スタンドからは興奮した観客も乱入。両軍選手、そしてファンが入り乱れて収拾がつかない状態となってしまった。落ち着きを取り戻す間もなく、金田はロッカーに引き上げてからも、「向こうが間違いを認めない限りは謝罪をしない。もちろん、罰金など払わない」と怒りをぶちまけ続けた。

前期に見られたロッテと太平洋との「遺恨《いこん》騒動」を思わせる、新たな火種を嗅《か》ぎつけたマスコミは、この日以降、「新遺恨試合が始まった！」と煽《あお》り立てる。目の前の混乱劇を見て、観客たちもヒートアップする。

すべてはショーマンシップあふれる金田らしいパフォーマンスだった。

しかし、日拓ナインは本気だった。かつて「駒沢の暴れん坊」と称された旧東映戦士たちの闘志は燃え盛っていた。特に、後期からヘッドコーチに就任して、チームの結束を高めたいと考えていた張本は燃えていた。このときルーキーだった新美敏が述懐する。

「ロッテ戦の試合前のミーティングのことをよく覚えています。ハリさんは、〝あいつにはオレが行くから、残りの雑魚《ざこ》はお前らに任せたぞ〟って指示をされました（笑）。そして、〝何があっても、オレを止めるなよ。止めるなら、相手を止めろ。その間にオレが殴《なぐ》ってやる〟って言っていました。たぶんハリさんは忘れていると思うけど……」

敵将の途中退場というハプニングはあったものの、日拓先発の金田留広は九回を一人で投げ切って、被安打五、無四球完封勝利を飾った。

前期は「兄の率いるロッテ相手に投げたくない」という発言が物議をかもした金田だっ

たが、この日は前年最多勝投手の意地を見せた。

長野でのサマーキャンプ中、土橋は早々に宣言していた。

「後期の開幕戦はトメ（金田）に任せるつもりだ。ナベ（渡辺）もロッテ戦に先発させる。オレはもう決めたぞ。前期のことはきれいさっぱり清算してかかれ。ここはいっちょう、《金田ファミリー》の恩返しといこうじゃないか。オレだってカネさんにはかわいがってもらった一人だし、お前らの立場もわからないでもない。でも、勝負の世界だ。オレはカネさんに挑戦状を叩きつけるつもりだ！」

金田留広も、渡辺秀武も、前期はともにロッテ戦に四試合登板して、金田は〇勝一敗、渡辺は一勝二敗に終わっていた。「このまま後期も対戦を避けたり、負けが込んだりするようであれば、ファンから見放される」と土橋は考えていた。

だから、早々に後期開幕となるロッテ戦の先発投手に両者を指名して、「意識改革」を図ろうと努めた。指名を受けた金田留広は報道陣に意気込みを語った。

「悪夢のような前期とはサヨナラすることができた。勝負の世界に《兄弟》はないんだから。日拓、そして自分のためにも後ろ指をさされないピッチングをする」

まさに、この言葉通りのエースらしい投球で土橋新監督に初白星をプレゼントしたのだ。結局、翌二十八日の試合は渡辺ではなく、高橋直樹が先発。チームは勝ち星を挙げることはできず、因縁のロッテ相手に一勝一敗の痛み分けに終わった。

逆襲に向けての後期が、ついに始まった。

## 何かが動き始めた「大阪の夜」

日拓ナインが長野・善光寺でサマーキャンプに励んでいた七月二十日――。大阪のロイヤルホテルでは、あるパーティーが開かれていた。この日の主役は、身長163センチメートルながら、体重は100キログラムに迫ろうとしていた丸々と太った小柄な中年男だった。自らを「でぶっちょ」と語る福々しい体軀《たいく》を右に左に揺らしながら、会場を埋め尽くす参列者たちにあいさつをしている。

会場には、この年の一月に横綱に昇進したばかりで「遅咲きの桜」と称された琴櫻《ことざくら》や、彼の兄弟子であり、かつては大関として鳴らしていた元琴《こと》ヶ濱《はま》の尾車《おぐるま》親方、野球界からは中西太《なかにしふとし》らが列席していた。

この日行われていたのは、大社義規の藍綬褒章《らんじゅほうしょう》受章記念パーティーで、恰幅《かっぷく》のいい中年男こそ、日本ハム初代社長の大社だった。日拓ナインが「神宮決戦」を戦っていたまさにその日となった七月十一日には、東京のホテルオークラでパーティーを開催。そして翌週二十日には、大阪でも同様の祝宴が行われた。この日出席していた尾車親方、中西、そして大社は、いずれも香川県出身の同郷で肝胆相照《かんたんあいて》らす仲だった。

ロイヤルホテルでのパーティーが終わった後、大社を筆頭に一行は北新地のクラブへと流れていた。大社の関心は前年七二年秋に球界を騒がせていた「西鉄ライオンズ身売り騒動」にあった。かつて、西鉄の主砲として大活躍し、六二年から六九年までは選手兼任監督を務めていた中西ならば、身売り騒動の実情に詳しいだろうと考えたのである。

この頃、大社は真剣に球界参入を目論《もくろ》んでいた。しかし、中西の対応は大社を失望させた。中西は言う。

「西鉄が太平洋クラブにライオンズを売却した経緯は、私はすでに球団を離れていたのでよく知りません。でも、オヤジなら何かを知っているかもしれないな……」

中西の言う「オヤジ」とはもちろん、義父に当たる三原脩《みはらおさむ》のことだった。この年、三原はヤクルトアトムズの監督を務めており、中西は同じくアトムズでヘッドコーチをしていた。前日まで甲子園球場で阪神戦を行い、この日からチームは約一週間のオールスターブレイクとなっていた。中西は続ける。

「……もしよければ、オヤジに会う機会を作りましょうか？」

中西の提案に対して、大社は大きくうなずいた。

かつて業界三位だった、大社率いる徳島ハムと、業界四位の鳥清ハムが、六三年に合併して日本ハムが誕生。それ以来、業界一位を邁進《まいしん》してきた日本ハムはこの頃、本格的に関東進出を目論んでいた。七三年七月期の売り上げが八百五十億円で、経常利益は四十億円、純利益だけでも十八億五千万円を計上しており、これは食肉業界でも堂々のトップだった。

しかし、売り上げの六割以上が名古屋以西で占められている現実に、大社は頭を悩ませていた。関東には茨城に大型工場を持っていたものの、知名度で先行するプリマハム、伊藤ハムと比べると、なかなか関東での売り上げは伸びなかった。そこで、大社を中心に日本ハム幹部は「知名度アップ」のためのさまざまな方策を考えていた。

たとえば、大社と懇意にしていたあるプロゴルファーからアドバイスされたのが、「プロゴルファーの卵を十五～二十名ほど抱え込み、日本ハムがサポートしながら英才教育を施していくのはどうか？」というアイディアだった。実際、このときに数名の有望な選手がリストアップされ、その中には後にプロゴルファーとして大成した者の名前もあったという。

あるいは、香川県出身で大社と親交のあった大松博文から提案されたのは、「女子バレーボールチームを作ってみてはどうか？」というものだった。もちろん、監督を務めるのは東京オリンピックで金メダルを獲得し、「東洋の魔女」を育て上げた大松自身だった。さらに大松は有望選手の獲得交渉まで、自らが行う気概を見せていた。

そして、日本ハム社内で時間をかけて検討されていたのが「プロ野球チームを持つ」ということだった。ＯＮの活躍を通じて、すでに国民的スポーツに成長していたプロ野球チームを持てば、あっという間に知名度が向上するのは明らかだった。しかし、日本全国にわずか十二球団しかなく、なかなか新規参入が困難であること、参入障壁が高すぎることもあって、それ以上の進展は見せてはいなかった。

大阪・北新地での夜、大社と中西が球団買収について熱く語り合っている場に同席していたのが、当時三十代になったばかりの商品政策部商品計画室主任・小嶋武士《こじまたけし》だった。

大社は小嶋にささやく。

「今日の話は、すぐに会社に持ち帰って大成と井口、そして野口にも伝えておいてほしい。いいか、わかっているとは思うが、くれぐれも他言無用で事を進めるように……」

大社の言う「大成」とは、当時取締役商品政策部長の大成契之助で、「井口」は取締役経理部長を務めていた井口茂、「野口」とは広報部長の野口秀男を指していた。

この日の夜は、これ以上の進展は見られなかった。しかし、大社にとってはこの日がすべての始まりの夜であり、日拓・西村昭孝にとっては、期せずして、終わりの始まりの夜となったのだった――。

## 七色のユニフォームとカラーボール

後期開幕戦こそ、エース・金田留広の完封劇で勝利したものの、その後の日拓は前期同様に低空飛行を続けていた。また、後期から導入されたカラーユニフォームは、期待していたほど大きな話題とはならず、ただただ選手たちの混乱を招くだけだった。

当時の日刊スポーツ（七三年八月九日付）にはこんな記事が掲載されている。

**カラー回り　日拓ユニフォーム色彩作戦**
後期、上から下までガラリ変身した土橋日拓の新ユニホーム、デザインこそ太平洋ほどではないがこと〝カラー〟に関しては、こちらがはるかに上。

ビジター用は、すべて原色を採用してイエロー、ブルー、ブラック……。目下検討中のパープル、スカイブルーを加えると、デパートの婦人服売り場さえ顔負けというケバケバしさ。

さらに、記事は続く。

七月二十六日、オレンジを基調とした新ユニホームで〝初陣〟を飾ったものの、イエローのビジター用第一号ユニホームで戦った阪急戦（西宮）にはかろうじて1勝2敗。ブルーの第二号ユニホームを初めて着用した仙台での対ロッテ戦も黒星で、ユニホームほどにはパーッと派手な快進撃を展開できない。

この記事によれば、新ユニフォームは「一着二万五千円から三万円というお値段」と報じられている。さらに、「一、二軍六十人分として七色ではざっと一千四百万の出費だ」と費用対効果の悪さを指摘して、記事は結ばれている。

このときから四十五年ものときが流れているにもかかわらず、当時の選手たちの脳裏には今でも、当時の混乱ととまどいが深く刻まれている。

「七色のユニフォームという新しい企画、そういう話題性を生み出したことは非常によかったと思います。でも、選手たちは喜んでいるというよりは珍しがっていたのが実際のところだったな。七五三《しちごさん》の衣装みたいなもんですよ（笑）。マネージャー、用具係も大変だったと思いますよ。私もよく、ストッキングを間違えたりしましたよ」（張本）

「七色のユニフォームを支給されたけど、一度も着なかったユニフォームもありましたね。野手は毎日試合に出るけど、投手はまったくボールを握らない上がりの日があるでしょう。ちょうど、上がりの日と重なったんで、一度も着なかったユニフォームもあったんだよね。何色のユニフォームだったっけ……」（新美）

「それまでの東映と比べたら、日拓はお金があったんでしょうね。なにしろ、七色のユニフォームを作ったんですから。それにしても、あれは大変でしたよ。アンダーシャツもストッキングも、全部変わるわけですから。〝この日の試合は《黒》だよ〟とか、〝明日は《青》だよ〟って、事前に言われるんです。ユニフォームは用具係が準備しておいてくれるんだけど、アンダーシャツやストッキングは選手たちは自宅から持っていかなければならない。よく間違えていましたよ（笑）」（千藤）

OBたちの中でも、もっともこのユニフォームに懐疑的だったのが高橋直樹だった。

「……そもそも、七色のユニフォームって必要だと思います？　チームは最低でも六十人とか七十人とかいるわけでしょ。それが一人七着ずつですよ。当時、人づてに聞いたんですけど、西村オーナーがふと、〝野球ってこんなに金がかかるのか……〟って言ったそうです。一着二万円として一人十四万円。それが七十人分。それはお金がかかりますよね

（笑）」

当初の狙い通り、インパクトは大きかったものの、それがチーム成績に直結しなかったこともあって、次第に「カラーユニフォーム」はあまり話題にならなくなっていった。

さらに、八月には新たな試みとして「カラーボール」の導入を始めた。

十七日、平和台球場で行われた対太平洋戦から、試合前のノック用ボールに黄、緑、オレンジの三色のボールを使用することを決めたのだ。

そして、二十一日からの本拠地・後楽園球場での対南海戦からは、ノック終了後に、このカラーボールを客席に投げ入れ、ファンにプレゼントすることを決めた。

このアイディアはアメリカのオールスターゲームを視察していた西村オーナーが、試合前のキャッチボールでカラーボールを使用していることに触発されて生まれたものだった。

球団広報は、この試みの狙いを日刊スポーツ（七三年八月十八日付）にて、次のように語っている。

「ファンの目を楽しませる意味で、七月頃から試合前のノックにカラーボールを使おうと考えていました。ユニフォームをカラーにしたタイミングを狙って、現場とも話し合った上で、実行に踏み切ったわけです」

しかし、これは七色のユニフォーム以上に、選手たちには不評だった。加藤俊夫が、当時を振り返る。

「あのカラーボールには参りましたね。白いボールに水色だとか、黄色だとか、スプレーで着色するんですけど、すごく滑るんです。ノックボールは二ダースぐらい準備していましたかね？　ノックが終わったら、そのボールをファンサービスとしてスタンドに投げるんです。だけど、このペンキが滑るんですよ。滑るものだから、スナップが上手に使えない。仕方がないからいつもと違う投げ方をする。それで、ヒジを壊してしまったんです。もう、痛くて痛くて投げられない。そんな状態になってしまいました」

話題性を狙ったものの、空回りを続けることが多かった。それでも、日拓は土橋監督の下で、少しずつチームとしての一体感を取り戻していく。

八月十七日から二十二日にかけては六連勝を達成。さらに、二十六日のダブルヘッダー二試合目から三十　日にかけては五連勝。少しずつ、上昇気流に乗っていった。

しかし、アクシデントもあった。

二十六日の対太平洋クラブのダブルヘッダー初戦に先発した金田留広に太平洋・福富邦《ふくとみくに》夫《お》の打球が直撃して、右手人差し指を骨折。シーズン中の復帰は絶望という非常事態に見舞われたものの、それでもチームは低迷することはなかった。

二十九日の近鉄戦では、ルーキーの新美敏が九回一失点の完投劇で八勝目をマーク。新人王争いで一歩リードすることとなった。また、三十日の対近鉄戦では、プロ十五年目、通算七千六百九十九打席目にして、初めて張本が送りバントを決めたことが話題となった。長嶋茂雄《ながしましげお》、王貞治《おうさだはる》でさえ犠牲バントを記録していた中で、日本球界有数の大打者では唯一の「バント未経験者」だった張本が、チームプレーに徹して初めての送りバントを見事に決めたのだ。

「あの犠打はサインじゃない。自分で考えてした。あのケースはどうしても1点欲しかったからね。大杉が三塁へ進めば点を取れる可能性も高くなると思ってネ」

（日刊スポーツ／七三年八月三十一日付）

八月を終えた時点で十五勝十二敗〇分けの二位という好位置につけ、チームはAクラスを死守していた。首位とは7ゲーム差。阪急の独走で後期優勝の可能性は低かったものの、少しずつチームとしての体《たい》をなしていく日拓ホームフライヤーズ。

確かな実感を覚えながら、土橋は指揮を執り、張本は滅私の精神でチームに尽くし、選手たちが全力でプレーする。未来に向けての希望の光が、確かに芽生《めば》えつつあった。

西村オーナーが決断した「土橋・張本体制」は、一応の成果を見せて、後期終盤、秋を迎えようとしていた——。

# 第八章 再びの身売り騒動——そして、あっけない終焉

日拓から日本ハムへの球団譲渡会見にて、三原球団社長を挟んで握手を交わす西村氏(右)と大社オーナー。

## 球団経営に名乗りを上げた日本熱学工業

九月を迎えてからも、ルーキーの新美敏は着々と白星を重ねていた。開幕以来、一日現在、新美は三十八試合に登板して八勝七敗、完封を二つ記録していた。この時点では新たな近鉄バファローズの羽田耕一《はだこういち》が新美の対抗馬として目されていたが、この時点では新たなライバルとして、同じく日拓の三浦政基の名前も挙げられるようになっていた。

愛知学院大学からドラフト二位で入団した三浦は、この時点で十四試合に登板して四勝一敗。日拓リリーフ陣の切り札として土橋正幸監督に重宝されていた。

現実的には新人工の当確ラインと言われる「十勝」を目前に控えていた新美の力が圧倒的に有力ではあったが、チーム内にタイトルを争うライバルがいることは両者にとっても、チームにとっても相乗効果をもたらすことになった。

こうしたムードの中で、十日には十二球団のトップを切って、「土橋・張本体制」で翌一九七四（昭和四十九）年シーズンも臨むことが西村昭孝オーナーから早々に発表された。

チーム成績が向上したことが最大の要因であるものの、前期の田宮謙次郎監督と比べて、きちんとローテーション間隔を守ることによって、新美が安定した成績を残せるようになったこと、同じくルーキーの三浦が後期になって、戦力として一本立ちしたことも大きかった。また、土橋監督、張本ヘッドの連携《れんけい》がチームに好影響をもたらしていたことも理由の一つだった。前期までの停滞ムードは一掃され、選手たちがのびのびとプレーしていることを評価して、西村オーナーが断を下したのだった。

同時に、西村は翌年に向けて、積極的なトレードを敢行することを宣言。

その筆頭として挙げられたのがロッテ・金田正一監督との間で揺れていた金田留広だった。この点について、日刊スポーツ（七三年九月十一日付）では、「ある日拓関係者」の証言を紹介している。

「芸能界で例えると美空《みそら》ひばりとその弟のようなものだ。兄貴の方は大投手だったのであれでも通るが、弟のほうは大投手ではない。それなのに今年、一生懸命やる気持ちが薄れて兄貴への甘えと、兄貴の亡霊にとりつかれたような態度、言動が目立つようになった。二人の間はそれでいいが、公の場でその態度が出ている」

西村オーナーは、土橋監督を最大限に評価し、「来年は一千万円クラスの選手を十人ぐらい獲得するつもりだ。一億ぐらいかかるが、強くなるためなら惜しくない」と、全面的なバックアップを宣言した。

新美や三浦といった新戦力が台頭し、ベテランの渡辺秀武は味のあるピッチングで白星を積み上げていた。前期にノーヒットノーランを達成した高橋直樹もルーキーイヤー以来、四年ぶりの二ケタ勝利が目前だった。

チームは順調に白星を重ね、来季への準備も着々と整っている。チーム誕生以来、ようやく平穏無事なムードが訪れようとしていた。

しかし、「ある報道」によって、そのムードは一変する。報じたのは、九月十三日付の日刊スポーツだった。

## 日本熱学　球界進出へ
## 日拓フライヤーズ肩代わりが有力

ようやく、球団経営は落ち着きを見せ始め、「さぁ、これから」というときに、フライヤーズは前年に続いてまたしても、「身売り騒動」に揺れることになってしまったのだ。

球団買収に意欲を見せていたのは、西村と同じ「亀清会」のメンバーである牛田正郎率いる日本熱学工業だった。元々、東映フライヤーズが日拓ホームに売却される際に、若手経営者が集う「亀清会」のメンバーによって持ち回りで球団経営を行う「輪番制《りんばん》」が話し合われていた。そのメンバーに牛田が経営する日本熱学工業も入っていた。

当初は「二年から三年をめどに交代していこう」という話だったが、ここにきて急に日本熱学工業の名前がクローズアップされることとなったのだ。

空調設備、換気、給湯、給排水事業を請け負っていた日本熱学工業は、「空気売ります」のキャッチコピーとともに、昭和四十年代に一気に業績を伸ばしていた。

年間の宣伝広告費は約五億円。プロ野球チームを持つことで、それ以上のメリットを享受できると、牛田は踏んでいた。また、子会社のエアロマスターはノンプロチームを運営しており、社会人・産業別対抗野球大会への出場も決めていた。野球を通じて社員の結束を図ると同時に、世間的な認知度を向上させる意味でも、プロ野球チームは魅力的だった。それは、前年の西村とまったく同じ発想だった。

この報道を受けて十三日午後、西村は緊急記者会見を開き、「そのような事実はない。日拓は恒久的に球団経営をする」と全面否定する。

この会見で西村は「輪番制」そのものも、次のように否定した。

「輪番制については、東映を買収する以前の話です。亀清会の会合で、〝東映が持てないのならば、我々が持ち回りで経営すればいいじゃないか〟と冗談半分に話しただけのこと。東映を買収したのは私の判断だし、輪番制で経営するというようなことはまったくない。今後も経営を続けていくつもりだ。そうでなければ、ユニフォームに四千万も、五千万もかけたりはしない」

実際には「四千万も、五千万も」かかってはいないはずだが、西村はむきになって否定し、改めて力説する。

「今後、牛田社長に会うつもりもないし、絶対に身売りはあり得ない」

もちろん、大阪遠征中の選手たちにも動揺が走った。

大杉勝男は「朝、新聞を見たときには〝またか〟と思った。一野球選手としてはスッキりした気持ちで野球をやりたい」と言い、選手会長の大下剛史は「とにかく僕らは野球が好きでやっているんだけど、こうポンポン代わるんじゃ、ワシも田舎《いなか》の広島に帰って、親父の跡を継いだ方がいいのかな？」とこぼした。

西村オーナーは身売りを完全否定した。しかし、選手たちはその言葉に決して安堵《あんど》したわけではなかった。前年の秋口には東映の身売り騒動に揺れ、一年後には新たな親会社である日拓が、再び揺らいでいる。後期優勝に向けて、一致団結して戦っていかなければならない時期に、またしてもフライヤーズは激震に見舞われていた。

しかし、波乱はまだまだ収まらない。第二の激震がすぐに訪れるのだった。

## 「身売り報道」に続いて、今度は「合併報道」が……

後期も佳境に入ると、日拓には三人の「十勝投手」が誕生した。

この年から日拓に移籍した渡辺秀武、ルーキーの新美敏、そしてルーキーイヤーの六九年以来となる四年ぶりに高橋直樹が二ケタ勝利をマークした。

一方、打撃陣ではヘッドコーチ兼任となった張本勲が終始、好調を維持しており、阪急・加藤秀司《かとうひでじ》、近鉄・土井正博らとともに激しい首位打者争いを演じていた。また、大杉勝男も前期の不振が嘘《うそ》のような活躍を見せて、六年連続の三十本塁打を記録し、十月九日の対近鉄戦ではパ・リーグ記録となる六試合連続ホームランを放っていた。

後期になって、土橋が抜擢《ばってき》した期待の新鋭、岡持《おかじ》和彦《かずひこ》、猿渡寛茂《さるわたりひろしげ》、ルーキーの相本和則らも台頭してきた。投打にわたって軸となる選手が登場し、フレッシュな戦力が頭角を現してきたことで、日拓は安定した試合展開を実現することができていた。

土橋監督の目指す明るい野球、シンプルな野球も選手たちには定着し始めていた。いいプレーをすれば手放しで褒《ほ》め、ミスがあればすぐにカッとなるものの、江戸っ子ならではの気風《きっぷ》のいい性格のため、その場限りのことでそれが後を引くことはなかった。

後期から抜擢された猿渡は、今でも土橋に対する感謝の思いを忘れていない。

「七〇年の入団以来、僕はずっと一軍と二軍を行ったり来たりしていたんだけど、日拓になって土橋さんが二軍監督になったときに、〝あっ、これで出番が増えるかも？〟って期待はあったよね。土橋さんは一生懸命やる選手が好きだったんです。今から思えば、僕は必死にやっていましたね、だって下手《へた》くそだったから。(三池《みいけ》工業) 高校時代に原貢《はらみつぐ》監督に鍛えられていたから、体力だけは自信があったんだよね。そういうこともあって、土橋さんにはかわいがられましたね」

猿渡のプロ初ヒットは、プロ四年目の七三年九月十一日、まさに「日本熱学・球界進出」が報じられる直前のことだった。

「南海の山内《やまうち》(新一《しんいち》) さんから打ったんだけど、〝パチン！〟っていう感じで、センター前に打ったんだよね。当時、セカンドには大下さんがいたので、なかなか出番はなかったけど、後期の終盤から、少しずつ使ってもらえるようになったんだよね」

二十三日、後楽園球場での南海戦では「カラーユニホームデー」と題して、「七色のユニフォーム」が全ラインナップお披露目《ひろめ》された。これは、本拠地の試合では常にホーム用ユニフォームしか見ることのできない東京のファンへのサービスとして行われたものだった。試合前の練習では、グラウンド全体にカラフルなユニフォーム姿の選手たちが躍動する。その光景を見て、ファンは大喜びだった。

さらに、「フォトコンテスト」も実施。球場にカメラを持参したファンは、一塁側ベンチ前で選手たちの撮影会に参加でき、その写真のできばえによってカメラやカメラバッグなどの豪華賞品が当たることとなっていた。

日本熱学工業による買収騒動で、日拓はイメージダウンを余儀なくされていた。何とか名誉を回復してイメージアップを図ろうと、フロントも選手たちも奮闘していた中で、関係者の努力をあざ笑うかの如く、さらなる騒動が勃発《ぼっぱつ》した。

シーズン最終戦となるロッテとのダブルヘッダーが予定されていた十月十六日付、日刊スポーツは一面で大々的に新たな火種を投下した。

## 日拓・ロッテ合併の動き
## 1リーグ問題再び火の手

記事によれば、翌十七日に大阪・新阪急ホテルで予定されているパ・リーグオーナー懇談会において、西村は次の四項目の「爆弾提案」をするという。

①日拓は残るパ・リーグ五球団のうちどれか一球団と合併するが、相手球団はロッテを希望する。
②合併成立後は五球団制から、日程作成上簡単な四球団制へ移行させてはどうか。
③四球団制不成立の場合でも、セ・リーグと一リーグ制移行への話し合いを行う。
④一リーグ制実現不可能の場合は四球団制、五球団制でも、対戦カードを二〇％増しで強行する。

球団を所有して十カ月が経過していた。キャンプイン直前の混乱の中で球団を所有し、何とか七三年ペナントレースを戦ってきた。

この間、カラーユニフォーム、カラーボールに代表されるさまざまなファンサービスに取り組み、何とか話題を作って観客動員に結びつけようと試行錯誤《しこうさくご》してきた。

それでも結果は芳《かんば》しくなく、投資した分のリターンは得られなかった。球界参入時にぶち上げた最新練習場付きの合宿所は建設されず、新球場建設も棚上《たなあ》げされていた。小佐野賢治との交渉は不調に終わり、東京スタジアム買収も実現しなかった。

西村が当初思い描いていたほど、球団経営はたやすいものではなかった。

日本熱学工業の球界参入が報じられたとき、西村は「輪番制はあり得ない」と断言し、「恒久的に球団経営に臨む」と大見得を切った。しかし、パ・リーグ全球団が赤字経営に苦しんでいる現状を鑑《かんが》みれば、「ここで何か手を打たねばならない」と考えたのだ。

故・小林一三《こばやしいちぞう》の遺言《ゆいごん》により球団運営を続けている阪急ブレーブスを除けば、この年誕生したばかりの太平洋クラブライオンズは中村長芳オーナーの個人資産を切り崩し、経済的に逼迫《ひっぱく》していた。また、南海ホークスは本業である鉄道業の不振の中で労組からの突き上げが激しく、球団運営に難色を示す声が大きかった。あるいは、近鉄バファローズも藤井《ふじい》寺《でら》球場のナイター改築工事が、近隣住民からの反対を受けたことで中止となり、上層部の中ではすでに球団運営に意欲をなくしていると噂《うわさ》されていた。

残りの五球団を見渡してみたときに、本拠地を失い、「ジプシー球団」と揶揄《やゆ》されていたロッテに、西村は注目したのだ。ロッテと日拓が合併すれば、後楽園球場を本拠地とすることでロッテの球場問題は解決する。日拓もまた金田正一監督のスター性を享受することができる。日拓の誇る張本勲、大杉勝男、白仁天の強力打線に、ロッテの有藤通世《ありとうみちよ》、山崎裕之らが加われば、リーグ有数の超強力打線が完成する。また、懸念されていた「金田兄弟騒動」も、金田監督率いる新チームとなれば、留広の去就問題も一気に解決する。

もちろん、「合併」の先に見据えていたのは「一リーグ制への移行」だった。

五球団制になるということは、日程編成上どうしても不都合が生じる。それは五四年のことを考えればすぐに理解できるはずだ。このとき、新球団・高橋ユニオンズが誕生したのは「従来の七球団制だとどうしても一球団が余ってしまい、日程編成において不利益が生じる」という理由からだった。

しかし、五六年シーズン限りで高橋ユニオンズが消滅すると、五七年からは七球団制となり、翌五八年に六球団制に移行。このときから二リーグ十二球団制がスタートした。

この五八年は巨人に長嶋茂雄が入団した年でもあった。混乱するパ・リーグを尻目に、セ・リーグは長嶋人気もあって、ますます活況を呈していく。セとパの格差がどんどん開いていく過程において、パ・リーグ各球団は常に日陰を歩み続けた。

こうした現状を打破するためには、巨人と対戦できる「一リーグ制実現を」というのは、口には出さずとも、多くのパ・リーグ関係者にとっての悲願でもあった。いつまでも続く閉塞状況に終止符を打つために、「今こそ、手を打とう」と考えたのは西村ならではの行動力だった。同時に、これは西村に残された最後のカードでもあった。

西村が球界に参入する直前の七二年秋にも、東映の大川毅オーナーと、ロッテの中村長芳オーナーとの間で合併構想が画策され、その勢いで一リーグ制に移行しようと目論《もくろ》み、失敗に終わっていた。ここで再び一リーグ構想が頓挫《とんざ》すれば、またしばらくの間はよくて現状維持のまま、赤字経営を余儀なくされることになる。

**日拓西村オーナーの話**　十七日、大阪でのオーナー懇談会で野球界の根本的問題について提案したい。前期こそ二シーズン制の効果が出て人気を盛り返したが、後期はまた元のもくあみになってしまった。ウチが具体的に考えるとすれば、ロッテとの合併だろう。昨年も話があったと聞いているし、在京球団ということもあるしね。

全日程終了を待って、ついに西村は勝負に出たのだ――。

## 起死回生の「合併構想」もあえなく頓挫……

日拓ホームフライヤーズの七三年シーズンは十月十六日、静岡・草薙《くさなぎ》球場で行われたロッテとのダブルヘッダーで幕を閉じた。

土橋正幸監督が就任した後期は三位に躍進。前後期合わせて五十五勝六十九敗六分けの五位だったものの、土橋・張本新体制の下、来季への希望を感じられる終幕となった。

しかし――。

前年のパ・リーグ再編騒動同様に、この年もまた球団存続問題が勃発する。その主役は、二年連続でフライヤーズだった。

日拓ナインが草薙球場で最終戦を行っていた頃、日拓・西村昭孝オーナーは東京・新宿のロッテ本社を訪問。重光武雄《しげみつたけお》オーナーと会談し、正式に対等合併を申し入れた。

これに対し、重光も「対等合併であり、一リーグ制移行を前提のものとしてなら」という条件付きで合意を見た。両者の仲介役となった太平洋クラブ・中村長芳オーナーも、

「私のできる範囲で全面協力を惜しまない」と発言。三球団がスクラムを組んで、十七日のパ・リーグオーナー懇談会に臨むこととなった。

全日程が終了すると同時に、それまで水面下で進められていた交渉事がついに表面化したのだ。

この日のオーナー懇談会では南海、阪急、近鉄も合併を承認。着々とパ・リーグ再編が進み、静観するセ・リーグをよそに一リーグ制への足固めが始まった。合併球団のチーム名は未定ながら、監督にはロッテ・金田正一がそのまま就任することが決定。翌日の日刊スポーツでは、「日ロ合併今日にも調印」（十月十八日付）と見出しが躍った。

十九日からは前期優勝の南海ホークスと後期を制した阪急ブレーブスとの間でプレーオフが始まっていたが、迷走を続ける日拓とロッテの合併問題に完全に話題を奪われていた。

しかし、ここから事態は二転三転し、パ・リーグは大混乱に陥ることになる。

ロッテ・重光、日拓・西村両オーナーによる話し合いが物別れに終わったのだ。両者は「合併後、迅速《じんそく》に一リーグ制に移行したい」という思惑《おもわく》で進んでいたものの、セ・リーグ各球団をはじめとして、セ・パ事務局、大浜信泉コミッショナーら球界関係者から、一枚岩の協力体制が得られなかったために、ロッテサイドが及び腰となったことが原因だった。

また、関西電鉄界の重鎮《じゅうちん》である近鉄・佐伯勇《さえきいさむ》、南海・川勝傳《かわかつでん》が、独断で一リーグ化を推進する西村の態度をよく思っていなかったとも噂されていた。こうした気配を察知した球界関係者たちは、積極的にこの問題にかかわることを避けるようになり、次第に事態の行《ゆく》方《え》を静観するムードが生まれていく。

こうして、ロッテ社内における役員会において、重光は合併白紙を決定。世論の動向を見ながら発表のタイミングをうかがうこととなった。そして、西村はこれを重光の面従腹《めんじゅうふく》背《はい》ととらえ、苛立《いらだ》ちを隠さなかった。同時に、自分の想像以上に抵抗勢力の力が根強いことも感じ取っていた。プロ野球界の旧態依然たる体質に辟易していた。

この年、日拓グループ全体で十六億円の黒字を計上したという。そのうち球団経営に費やしたのは四億円。七色のユニフォームを新調し、移動時のグリーン車利用、宿泊ホテルのグレードアップなど、待遇面での改善も行った。しかし、観客動員は前年度と比べて緩やかに減少していた。決して、費用対効果がいいと言える状況にはなかった。当初西村が考えていたよりも、球団経営はずっと困難なものだった。

こうして、日拓とロッテとの合併問題に終止符が打たれることとなった。西村は記者の問いに対して、無念をにじませる。

「重光さんはマスコミと私に対して、話すことが正反対なので判断に苦しんでいた。でも、ロッテとしては合併に消極的なようなので、そうであるならば、ウチとしても撤退せざるを得ない……」

それは、「日拓終焉《しゅうえん》」の始まりを告げる無念の吐露《とろ》でもあった。

## 三原脩と大社義規の極秘会談

史上初のプレーオフは野村克也率いる南海が勝利し、日本シリーズに進んだ。

しかし、この年もセ・リーグ覇者の読売《よみうり》ジャイアンツの牙城《がじょう》を崩すことはできず、巨人はV9を達成。ペナントレースで右手薬指を骨折した長嶋茂雄を欠いていたが、それでも巨人は強かった。初戦こそ、ワンチャンスをものにした南海が勝利したものの、その後は巨人が四連勝。圧倒的な力の差を見せつけた。

日拓とロッテとの合併騒動にも一応の終止符が打たれ、日本シリーズも終了して、プロ野球界にはひとときの平穏が訪れるはずだった。

しかし、水面下ではいまだ火種がくすぶっていた——。

発端は十月二十七日、大阪球場での出来事だった。

南海と巨人による日本シリーズ第一戦が行われていたこのとき、球場貴賓室《きひんしつ》で試合を観戦していたのが三原脩と、日本ハム社長・大社義規だった。三原はこの年、ヤクルトアトムズの監督を務めており、つい数日前にその任を解かれたばかりだった。

「ここそこ会うよりも、堂々と球場で会う方が自然だから、大社オーナーは日本シリーズが行われている球場に足を運んだんです……」

当時、球団買収プロジェクトの一員だった小嶋武士が振り返る。

「……この時点ですでに（日本ハム）社内では球界の動向をリサーチ済みでした。我々が検討を始めた当初はヤクルトアトムズの買収も候補に挙がっていました。でも、この頃にはヤクルトジョアがヒットしたことで、経営を持ち直しているという情報を得ていた。それで、ヤクルトの線は消えました。それから大洋ホエールズについても、三原さんによれば〝可能性はゼロではないかもしれないけれど、相当、時間がかかる話だ〟ということでした。そして、〝もしも、今すぐということであれば日拓しかない〟という情報が、三原さんからもたらされていました」

前章で詳述したように、日本ハムは関東進出を目論んでいた。そのためには在京球団を買収することがもっとも手っ取り早く、効果的な方策だと結論を出していた。

当時の「在京球団」と言えば、セ・リーグは巨人、ヤクルト、大洋。パ・リーグはロッテと日拓だった。そして、社内リサーチの結果、「日拓なら買収に応じるかもしれない」という手応《てごた》えを得ていた。

秋になる頃には、東急エージェンシーの前野徹にアプローチをして「亀清会」メンバーの動向や思惑もおおよそのことは把握していた。小嶋が続ける。

「日拓さんの経営状態、そして西村さんの球団存続への意欲などの情報はボチボチとこちらに入ってきていました。また、亀清会のメンバーを中心に、輪番制で球団経営を続けるという話はもちろん知っていました。ただ、三原さんが言うには、〝野球界が輪番制を受けつけるはずがない〟と話していて、我々もまたそう思っていました」

日本ハムが球界参入に向けて、着々と準備を進めていた頃、「日本熱学の日拓買収」「日拓・ロッテの合併騒動」など、さまざまなニュースが報じられていた。それでも、「日本ハムとしては、それほど不安視していなかった」と小嶋は語る。

こうした下準備を経て迎えたのが、二十七日の大阪球場だった。この場で両者は「日拓買収」の進捗《しんちょく》状況を確認する。日本ハムサイドがこだわったのが「本拠地は絶対に後楽園球場であること」という一点だった。「関東進出」のきっかけとするべく球団運営に乗り出す以上、後楽園が使用できなければ、その魅力は半減してしまうからだ。この点だけは絶対に譲れないものの、大社から「それ以外はすべてお任せします」という言質《げんち》を取りつけた三原は、すぐに行動に出る。

二十九日には、パ・リーグ岡野祐会長に「日拓を買いたいという人がいる」と電話をかけ、翌三十日には都内の料亭で三原・岡野会談が開かれ、この場で初めて球界に「日本ハム」という名前が登場することになった。

岡野はすでに、西村が球団経営への情熱を失っていることを本人から聞いていた。この極秘会談を受けて、今度は岡野が十一月一日に銀座東急ホテルで西村昭孝と面談し、日本ハムの意向を伝えた。小嶋が述懐する。

「日本ハムサイドの全権委任を受けた立場として三原さんは岡野会長に会っているわけです。そして、同時に三原さんは後楽園球場ともコンタクトを取っています。当時、ロッテは仙台を拠点にしていましたから、ロッテも後楽園球場進出を狙っていました。後楽園球場からはいろいろな条件が出されました。それは決してやさしい条件ではなかったけれど、もちろん我々はそれを飲みました」

徒手空拳ですべてを改革しようと奮闘していた西村と比較すると、球界の裏も表も知り抜いている知将・三原のやり方は実にスマートで抜かりがなかった。そして、その三原に全権を託していた日本ハム・大社の方が一枚も二枚も上手《うわて》だった。

「三原さんからは随時、報告を受けていました。もちろん、交渉事ですから、正式に調印するまでは何が起こるかわからないですけど、我々としては〝特に大きな問題はなく進んでいるな〟と感じていました」

十月半ばに本格的に動き始めて、わずか二週間。この時点ですでに日本ハムは球界進出の足がかりを確たるものとしていたのだった——。

## 日拓ホームフライヤーズ、十カ月で消滅

十一月七日、都内某所に岡野パ・リーグ会長、三原脩、日本ハム社長・大社義規、そして日拓ホーム社長・西村昭孝が一堂に会した。

事前の下交渉は済んでおり、すでに球団経営に意欲をなくしていた西村には何の異存もなく、スムーズに譲渡が決まった。この瞬間、事実上日拓ホームフライヤーズは消滅した。

一月に東映を買収して、わずか十カ月。この短期間で、フライヤーズは、「東映」「日拓」「日本ハム」と、次々と親会社の変更を余儀なくされたのだった。

しかし、この日は正式調印はなされておらず、両者の合意を確認するにとどまり、翌八日に仮調印を結んだ。その理由を小嶋が語る。

「この時点では、まだ日本ハム株主への報告は済んでいませんでした。社内でも誰も知る者がいない状況でしたから、ここから株主、銀行筋に説明をしなければなりませんでした。この頃は、第一次オイルショックの影響で経済の先行きが不透明でした。〝そんな状況下で、どうして《お荷物球団》と呼ばれるチームを持つのか？〟。銀行からも株主からも、心配する声がとても大きかったですね」

こうした声に対して、大社は心を込めて、そして熱心に説明をする。

「――首都圏攻略のためには、絶対に知名度アップが欠かせません。しかし、それはプロ野球球団を持つことで、一気に解決します。そして、球団を持つことは必ずセールスのプラスになります。たとえ、口下手《くちべた》なセールスマンであっても、町の精肉店の人たちと、野球を通じて話題が広がります。もしもチームが負けていたとしても、それがそのまま話題になる。もちろん、球団経営に乗り出す以上は〝赤字でもいい〟などとは微塵《みじん》も考えていません。やるからには球団といえども、一企業として独立採算を目指していく。球団経営は決してマイナスではなく、むしろプラスなのです！」

ここまで、マスコミはもちろん、日本ハム社内においても、すべて秘密裏に進めてきた球団買収劇は、このとき日本経済新聞の記者に初めて知られることになった。スポーツ紙ではなく、一般紙が最初に嗅《か》ぎつけ、それに追随する形で各種報道がなされていく。

そして十一月十一日、ついに日刊スポーツに詳報が掲載された。

**日本ハム　日拓を買収**
**三原球団社長　中西監督　親子復活**

プロ野球パ・リーグに日本ハム株式会社（大社義規社長）が乗り出すことになった。経営の行き詰まった日拓ホーム・フライヤーズの買収に成功したもので、十日午後四時半、大阪市東区南本町四ノ四七の日本ハム本社で、同社大社照史常務取締役が明らかにした。正式発表は十二日東京で行われるが、球団社長には前ヤクルト監督の三原脩氏（六一）が就任、中西太氏（四〇）が監督になる。フランチャイズは日拓時代の後楽園球場を引き継ぐが、大社社長をはじめ、三原、中西両氏とも高松出身なので、年間五、六試合はナイター設備のある高松市営球場を使用。プロ野球も四国地方へ進出する。なお球団名はニッポン・ハムとし、愛称は一般公募、コーチング・スタッフなどは未定である。

まさに、電光石火の早業《はやわざ》。前年の西鉄、東映と比べると実にスムーズな球団譲渡劇となった。それはまさに、「魔術師」と称された三原のシナリオ通りの展開であった――。

＊

すでに翌年も指揮を執ることが決まっていた土橋正幸は、十日朝九時に知人からの電話で日本ハムへの身売りを知った。その後、十一日に名古屋で予定されている秋のオープン戦に向けて日拓ナインは十六時に東京駅に集合。

ナインたちはまだ「球団買収」報道を知らされておらず、多くの者がとまどいを隠せなかった。しかし、ここ数年は何度も何度も「身売り報道」がなされていたために、心の準備ができていたのも、ある意味では事実だった。張本が述懐する。

「もちろん驚きはしたけど、〝あぁ、またか……〟という思いもありました。その一方で、〝悔しい〟という思いも強かったですね。このときにはすでに、翌年のグアムキャンプの計画が進んでいたんです。何しろ、私はもう選手たちの部屋割りまで考えていましたから。あと一年頑張って、当初の予定通りに丸井や角栄建設が引き継いでくれていたら、私も土橋のあんちゃんも、また別の野球人生、大舞台を経験できたのに……。そんな気持ちでしたね」

大下剛史も、このときの心境を淡々と口にする。

「まさに建売《たてう》り屋の発想なのかもしれないね。パッと造成して、パッと作って、パッと売ってしまって……。ああいう不安定な時代に球団を持とうという勇気と度胸はすばらしい。そして、パッと手放す……。あの頃のプロ野球はグチャグチャだったね」

当時の若手選手たちにも、四十五年前の秋の日のことをそれぞれ振り返ってもらった。

「僕は、身売りの予感を感じていました。というのも、新聞ではいつもそんな噂が出ていたし、親会社が代わるかもしれないということは口々に言っていたから。日本ハムとは思わなかったけど、どこか別の会社が買うのだろうとは思っていましたね」（猿渡寛茂）

「カラーボールだ、七色のユニフォームだって、いろいろなことをやったけど、結局はダメだった。〝何だこりゃ？〟って、思っていましたよ。僕にとっては、ただただせわしなかった一年。そんな印象しかないですね」（加藤俊夫）

「これだけ短い間に、次から次へと親会社が代わると、選手たちにとっては自分のチームに対する愛情が薄れてしまうものなんです。まぁ、自分たちが優勝しないのが悪いのかもしれないけど、だからと言って、勝手にチームを売られるのはいい気持ちはしないですよ。特に家庭を持っている人にとっては本当に大変なことですよ」（高橋直樹）

前年秋のドラフトで「東映」から指名された新美敏は、入団後すぐに親会社が「日拓」に代わり、その年のシーズンオフには「日本ハム」へと代わることとなった。

「契約直後に東映から日拓に代わったので、僕には東映の思い出はほとんどありません。そして、一年目が終わった直後に、今度はすぐに日本ハムになりました。日拓のユニフォームを着たのはわずか一年にも満たないけど、僕の中ではなぜか、日拓にはすごく愛着があるんです。やっぱり、ルーキーの年だったからなのか、僕は今でも日拓に愛着があるんです……」

新美は何度も「愛着」という言葉を繰り返した。

＊

十一月十一日、日拓ホームフライヤーズとしては最後となる一戦、秋のオープン戦が、愛知・トヨタ球場で行われた。本来ならば、翌年をにらんで、若手に少しでも経験を積ませたいところではあったが、土橋はあえて「球団の顔」でもあるベテラン選手、スター選手と二軍監督時代に鍛え上げた期待のホープたちを併用してオーダーを組んだ。

一番　大下剛史（セカンド）
二番　阪本敏三（サード）
三番　張本勲（レフト）
四番　大杉勝男（ファースト）
五番　加藤俊夫（キャッチャー）
六番　岡持和彦（ライト）
七番　末永吉幸（ショート）
八番　三浦政基（ピッチャー）
九番　小形利文《おがたとしふみ》（センター）

この試合のことをハッキリと記憶していたのが、当時二十四歳だった猿渡寛茂だった。

「シーズンが終わってすぐに秋のオープン戦が始まりました。そして、身売りが決まって最初の試合は中日が相手でした。相手のサードに大島《おおしま》（康徳《やすのり》）が守っていたことを覚えてるなぁ。この試合の前に大杉さんが、〝バカ野郎、大風呂敷を広げるだけ広げて、アッサリと球団を手放しやがって〟って言ったことが、西村オーナーの耳に入ったそうです。で、当日の朝かな？　西村さんから土橋さんに、〝大杉を使うな〟って連絡が入ったと聞きました」

この一件は、大杉の自著『サムライたちのプロ野球』（徳間書店）にも詳しく記されている。長くなるが、その一部を引用したい。


シーズンが終わって11月だったか、名古屋へ遠征に行った。中日とのオープン戦である。明日が試合だという前の日に、マスコミの人が、

「大杉さん、チームの身売りが決まりましたよ」

という。

「え？　どこに？」

「日本ハムです」

日本ハムに身売りが決まったから一言感想をください、という。

「この西村ちゅうオーナーはバカじゃないのか。われわれ野球選手の人生を何だと思っているんだ。ふざけるのもいいかげんにせい！」

ぼくは毒づいた。

翌日、ぼくの発言が新聞に出た。それを西村オーナーが読んで、怒り狂って宿舎へ電話をしてきた。

「あの発言は許せん。大杉にぜひとも謝らせろ！」

土橋監督が防波堤になってくれた。

「謝る必要なんかない。オレだって頭きてるんだ。冗談じゃない。あんな1年ぽっきりで放り出して行きやがって、何だと思っているんだ。ふざけるんじゃない。大杉、オレが応援してやるからケンカしろ、やったれ！」

それでむろん謝りになど行かなかった。そしたら球団からガンガンいって来る。許せん、謝りに来い、と。

そこでまた土橋さんが、

「謝りに行く必要なんかない。謝るつもりもない。逆にこっちから文句をいいたい!! われわれの文句を受けつける用意があるかどうか、返事をしろ！」

といったら、それきり返事がない。そういうていたらくだったのだ、あの西村ちゅう人は。

日拓のラストゲームとなった十一日、トヨタ球場での対中日戦は1対1のまま延長戦となったが、延長10回表、途中出場の猿渡がレフトへオープン戦第一号を放って勝負を決めた。

「土橋さんの最後の試合で決勝ホームランを打ったのは、今でもいい思い出だね。トヨタ球場だったから、最高殊勲選手賞に車のレプリカをもらったことを覚えているな。いずれにしても、これが土橋さんの最後の試合になったんだね……」

この日、日拓ナインはビジター用のブルーのユニフォームに身を包んでいた。思ったよりも話題にならなかったカラーユニフォームがファンの前で披露されるのも、これが最後のこととなった。


また、この日は東京・後楽園球場で「第二十三回日本産業対抗野球大会」の決勝戦が行われ、エアロマスター（百貨店・商業）が、熊谷組《くまがいぐみ》（建設）を破り、大会初優勝を決めた。

九月に「日拓買収」で世間を騒がせた日本熱学工業の子会社であるエアロマスターには、前年の日拓誕生時に、プロへ進まずにノンプロに残ることを決めた平井信司が在籍しており、平井はこの大会で最優秀選手に輝いた。

「エアロマスターが好きなようにやらせてくれましたからね……」

古巣である日拓が日本ハムに買収されたことについては「やっぱり、球団経営は難しいんでしょうね」とひと言話すにとどまった。

いずれにしても、ついにこのとき、「日拓ホームフライヤーズ」は、わずか十カ月という短期間で、その歴史に幕を閉じたのだった――。

# 終章

# それぞれの、その後

取材にて。右上から時計回りに、張本勲、新美敏、高橋直樹、千藤三樹男、大室勝美、大下剛史の各氏

## 日本ハムファイターズ誕生

一九七三（昭和四十八）年十一月十六日——。

東京日比谷の帝国ホテルで行われた記者会見において、「日本ハム球団株式会社」誕生が発表された。この日の午後三時、後楽園球場の正式使用許可も下りた。日本ハム・大社義規社長の思惑《おもわく》通り、これで関東進出の足がかりができた。喜びと興奮を隠せない大社は報道陣に対して「三年でリーグ優勝、五年以内に日本一になってほしい」と力強く語った。

この瞬間、東映時代から親しまれてきた「フライヤーズ」の名称は消滅し、新たなニックネームは公募で決められることとなった。これに伴い、日拓買収を主導した三原脩が社長となり、三原の義理の息子である中西太が新監督に就任することが発表された。

こうして、前オーナーの西村昭孝日拓社長が明言した「来年も、土橋正幸監督にチームを任せたい」という約束は反故《ほご》にされた。同時に田沢八十彦球団代表も、「私がこれ以上いたのでは、新しく出発するチームに迷惑がかかります。フライヤーズの名前が消えるし、ちょうどいい区切りです」と退団を発表した。

翌十七日には岡野祐パ・リーグ会長、大社義規日本ハム社長、三原脩日本ハム球団社長、そして西村昭孝日拓社長の四者が集《つど》って記者会見を行った。集まった報道陣は約百二十人、その中心にいたのは大社であり、三原だった。

意気上がる大社や三原とは対照的に、西村は「みなさまのご後援に感謝します」と手短な謝辞を述べるとすぐに会場を後にした。わずか十カ月前には華々しいスポットライトを浴びる「主役」の立場にいた。しかし、この日の西村はもはや主役ではなく、表舞台から去り行く「脇役」にしか過ぎなかった。

球界からの離別を決めたとき、西村は近しい人物に「私はこういった裏のある世界は嫌いだ。真っ直《ます》ぐに動いているのは私だけだ」と漏《も》らしたという。

二十日には第九回ドラフト会議が行われた。前年の会議には「東映」が、そしてこの年は「日本ハム」が出席。結局、「日拓」としては一度もドラフト会議を経験することなくチームは消滅した。

ルーキーとして孤軍奮闘した新美敏はパ・リーグの新人王に輝き、かつて「怪童」と呼ばれた尾崎行雄はこの年限りで十二年間の野球生活にピリオドを打った。また、七三年シーズン中に波紋を呼んだ金田留広は晴れて、兄の率いるロッテへのトレードが決まった。

少しずつ、しかし確実に時間は流れていた――。

＊

新球団のニックネーム募集では、さまざまな名前が寄せられた。

動物の名前を取って「ジャガーズ／パンダーズ／レオポンズ／ブルドックス」というものもあれば、企業名を由来とする「ハムエッグス／ハムカムズ／ワンパクボーズ／オイシーズ」など、さまざまなアイディアが集まった。

十二月十七日には、東京・六本木の球団事務所に大社オーナー、三原球団社長、中西監督、そして張本勲、大杉勝男、大下剛史が集まって最終選考が行われた。

候補に残ったのは「ファイターズ」「ウィナーズ」「ハンターズ」「バッカーズ」の四つだったが、応募総数約十三万通の中から、「関東に乗り込もうという我々の意気込みにぴったり合っている」という大社の推挙もあって「ファイターズ」と決まった。

このとき誕生した「日本ハムファイターズ」は、二〇〇三（平成十五）年までは東京を本拠地とし、〇四年からは北海道に移転。現在も「北海道日本ハムファイターズ」として、道民に愛される人気球団に成長した。

その後、日拓ホームフライヤーズを率いた田宮謙次郎は一〇年五月に八十二歳で亡くなり、土橋正幸も一三年八月に七十七歳でこの世を去った。東映時代からフライヤーズの屋台骨を支え続けた金田留広は一八年に七十一歳の若さで天国へと旅立っている。

時代は「昭和」から「平成」に移り変わり、新しい元号が誕生しようとしている現在、すでに日拓ホームフライヤーズの名残《なごり》も失われつつある。混乱ばかりが続いていた七三年の記憶も消えようとしている。

あれから、かなりの時間が流れていた――。

## 張本勲の「その後」

チームの主軸であり、七三年後期シーズンにはヘッドコーチも務めた張本勲は、古希《こき》を過ぎ、まもなく傘寿《さんじゅ》を迎えようとしていた。毎週日曜日にはTBS系列の『サンデーモーニング』に生出演。その週に起きた出来事に対して、「あっぱれ！」「喝《かつ》！」とジャッジを下し、その論評が賛否を呼んでお茶の間の話題となっている。

自宅近くの喫茶店で会った張本は血色もよく、実に元気そうだった。

「三原さんが西村さんと初めて会ったとき、大平《おおひら》さんの名刺を持っていったと聞きましたね……」

張本の言う「大平さん」とは、当時外務大臣だった大平正芳《まさよし》のことだった。

「大平さんも大社さんも、三原さんも、みんな同じ四国（出身）だから。名刺の裏にはいろいろ書いてあったらしいですよ。このことは、後に大社さんから直接聞きました……」

大平の名刺の裏に、どんなことが書かれていたのかは張本も詳しくは知らない。しかし、「そこには具体的な買収金額も書いてあり、日本熱学の提示額よりも五千万円上乗せされていた」と聞いたという。

「……ときどき私は、帝国ホテルまで大社オーナーに呼ばれていたんです。ウイスキーが非常に好きでね、いつもウイスキーロック。メガネのツルの部分で氷をかき回して、おいしそうに呑《の》んでいましたよ。あるとき、〝どうして球団を買われたんですか？〟と聞いたら、大平さんの名刺のことを教えてくれたんです」

長いプロ野球生活の中で「日拓」のユニフォームに身を包んだのは、わずか一年のことだった。この一年、いや正味十カ月は張本の中に、どのように息づいているのか？

「西村さんは、『瀬戸《せと》の花嫁』が好きな人だったな。何かの会合で、彼が歌っていたのを何度か聞いたことがありますね。西村さんは〝野球界を変えよう〟という強い思いを持っていたんだと思います。若くして、あれだけの会社を興したことも立派だと思います。今でも、男として尊敬しています。でもね、私には経営というものはわからないけれども、やっぱり約束は守ってもらいたかった。私も、土橋のあんちゃんも、〝二年後には西村さんにいい思いをさせてあげたい〟と思って頑張っていたんだから……」

三原・中西新体制で発足した日本ハムだったが、旧東映選手たちはあっという間にチームを去ってしまった。日本ハム誕生二年目となる七五年には大杉勝男がヤクルトへ、大下剛史が広島に、白仁天が太平洋クラブに移籍。張本も七六年には巨人にトレードされている。それは、「旧東映勢」を放出することで、新しいチームを作ろうという編成の意図が見える移籍劇だった。

「三原さんと中西さんがチームにやってきて日本ハムになった途端に、私の弟分である大杉を出し、白を出し、大下まで出してしまった……。あの体制であれば、いずれ私も弾き出されるのはわかっていました。中西さんはああいう性格の人ですから、自分の思い通りになるチームを作りたかったんでしょう。それでも大社さんは、〝張本だけは移籍させるな〟と言っていたようです。でも、私は〝トレードに出してくれ〟って、オーナーに直訴しました。すると、〝わかった、お前の好きなチームに行かせてやる〟って言ってくれたんです。このときは、西村さんを恨みましたよ……」

東映フライヤーズでスタートしたプロ野球人生は日拓、日本ハムと親会社が変わり、七六年からは長嶋茂雄率いる巨人、さらに八〇年にはロッテに移籍し、通算三千八十五安打というNPB歴代最高記録を残して、八一年限りで現役を引退した。

改めて、プロ十五年目となった「七三年」を振り返ってもらった。

「やっぱり、〝悔しい〟という思いだけだよね。七色のユニフォームなど、プロ野球に新しい波を生み出そうというのはわかるけれど、〝あと一年頑張ってくれれば……〟という思いがありますよ。そうすれば、私も、土橋のあんちゃんもまた別の野球人生の大舞台を送れたんじゃないかと思いますね……」

東映・日拓・日本ハム、巨人、そしてロッテ……。さまざまな球団を渡り歩いた張本に問うた。

――「どこの球団のOBですか？」と尋《たず》ねられたら、張本さんはどう答えますか？

質問に対して、張本の答えには何も逡巡《しゅんじゅん》はなかった。

「東映ですよ。東映が青春ですよ。巨人時代もいい思いはしましたよ。人気もあったし、給料も賞品も、比較にならないほどすごかった。でも、青春は東映ですよ。私、東映で二千本打ったんです。賞状も、賞品もあまりもらえなかった。東映だから、パ・リーグだから。でも、やっぱり私にとっては東映が青春なんです」

張本によれば、日拓時代はまだ「フライヤーズ」として、東映時代の名残があった。しかし、チーム名が「ファイターズ」に代わり、かつての仲間たちも次々と放出されていった日本ハム時代は、まったく別のチームに変わったという。

大社オーナーに対する敬意はあるものの、球団としての日本ハムには強い思い入れはない。それでも、今でも球団を保持し続け、北海道に野球文化を根づかせ、道民から愛される地元球団へと育った日本ハムファイターズは、プロ野球史において意義のあるチームだと考えている。しかし張本には、日本ハム初年度にチームの一員だったという感慨は希薄だった。彼にとっては東映フライヤーズが青春であり、その名残を残す日拓ホームフライヤーズこそが、かろうじて愛着のある球団なのだった。

## 高橋直樹、千藤三樹男の「その後」

「ウチの女房は徳島出身なんです。だから、徳島ハムのことはよく知っていました。それこそ、大社さんがまだ丁稚奉公《でっちぼうこう》していた頃から、徳島の人にはなじみがあったようです。そういう縁もあったので、僕にとっては第二の故郷というか、日本ハムに変わることには何も違和感がなかったんです」

高橋直樹が当時の心境を振り返る。

七三年にノーヒットノーランを記録した高橋は八〇年まで日本ハムに在籍した後、広島、西武、巨人に移籍して、八六年シーズンを最後に現役を引退した。西武時代の八三年には十三勝三敗で最高勝率のタイトルを獲得。八〇年代パ・リーグを象徴する投手の一人となった。

「東映時代は細かいことは何も言われない、僕にとってはやりやすいチームでした。でも、あの頃は東映にしても、西鉄にしても、昔からのチームが名前だけでチームを続けていたのかもしれないですね。それが少しずつ、若くて生きのいい会社が球界に参入してきた。そういう意味では次の会社が日本ハムでよかったですよ。選手にとってもすごくありがたいし、日本ハムにはいつまでも頑張ってほしいですね」

八一年には江夏豊とのトレードで広島に移籍した。ストッパー不足に悩んでいた日本ハムは江夏の加入もあって、この年、ファイターズとしては初となるリーグ制覇を実現した。一方の高橋は広島では結果を残すことはできず、八二年シーズン途中に西武に移籍し、もうひと花咲かせることとなった。

それ以降、高橋と日本ハムとの接点はない。それでも、一五年八月二十二日、東京ドームで開催された「レジェンドシリーズ」の始球式では久々に往時のユニフォームに身を包み、見事なストライク投球を披露した。

現役通算百六十九勝のうち、東映、日拓、日本ハム時代に百三十八勝を挙げた。日拓時代には四年ぶりに二ケタ勝利を挙げ、日本ハム時代の七五年、七七年にはともに十七勝、七九年には二十勝もマークした。高橋にとって日拓、日本ハム時代は今でもいい思い出として息づいている。

生真面目な高橋は、わざわざ取材現場に数冊の写真アルバムを持参してくれた。懐かしそうにアルバムをめくりながら、東映、日拓、日本ハム時代の思い出が、次から次へと口をついて出てくる。アルバムの中にはあの七色のユニフォームの写真もあった。

「これこれ、日拓と言えばこのユニフォームですよね」

そこには黒地に薄いオレンジのコンビネーションユニフォームを着ている若き日の高橋の姿が写っていた。

「それにしても、すごいユニフォームですよね……」

高橋は小さく笑って言った。

＊

「今のパ・リーグはすごいですよね。僕らの頃はお客さんもパラパラしかいなくて、あれじゃあ球団経営もできないですよね……」

東映ラストイヤーとなる七二年にフライヤーズに入団後、七三年の日拓ホームを経て、八一年まで日本ハムでプレーした千藤三樹男。現役引退後も八二年から九一年までコーチとして日本ハムにかかわり続けた。

彼もまた、高橋直樹同様に「東映・日拓・日本ハム」を知る一人だ。

「かつては映画、新聞、鉄道会社が球団を持っていたけど、不動産会社や食品会社が球団を持つようになって、今ではＩＴ企業ですよね。常に最先端の企業が球団を持ってきた。そんなことをつくづく感じますよね……」

映画（東映）、不動産（日拓）、食品（日本ハム）のすべてを経験してきた千藤ならではの実感の伴う言葉だった。

「日拓から日本ハムに親会社が代わって、大下さん、大杉さん、張本さんが次々と移籍していきましたよね。あの当時は、〝どうして僕は出されないのかな？〟って思っていました。三原さんがやってきて、中西さんが監督になったときに、目に見えて《東映色》は薄れていきましたね。でも、それは仕方のないことだし、それでいいんだと思います。たとえ戦力が落ちようとも、一度すべてを代えないと新しいチームはできないですから」

早稲田大学出身の千藤にとって、早稲田ＯＢの三原脩が新球団にやってきたことは追い風となったという。自分の希望通りの年俸を提示されて驚いたこともある。

しかし、その後の千藤は思うような成績を残すことはできなかった。中西の後を受けて七六年から監督になった大沢啓二《おおさわけいじ》と折り合いがつかなかったこともあって、本人曰《いわ》く「捨て鉢になりつつあった」という。

千藤は本書の取材に際して、日拓時代の試合中継を録画したビデオを持参してくれた。さっそく帰宅後に再生してみると、そこには「Ｆｌｙｅｒｓ」のロゴをつけて躍動する日拓時代の千藤の姿があった。今となっては実に貴重な映像資料だった。

高橋直樹も、千藤三樹男も、いずれも「日拓時代の思い出の品は手元にはない」と言っていた。それでも、高橋は写真を、千藤はビデオを持参してくれた。

日拓時代を偲ばせる数少ない貴重な資料。映像には、笑顔でインタビューに答える西村昭孝の姿も映っていた。さらに、日生球場で行われた試合で近鉄バファローズの太田《おおた》幸司《こうじ》から、千藤がライトにホームランを放った場面も収録されていた。手元の資料で確認してみると、それは七三年六月三日の試合だった。

グラウンドで躍動する当時二十六歳の千藤も、すでに古希を迎えていた。やはり、あれからかなりの時間が経過したのだ。

## 新美敏、大室勝美の「その後」

七二年秋、「東映フライヤーズ」からドラフト一位指名された新美敏は、入団後すぐに発足間もない「日拓ホームフライヤーズ」の一員となり、プロ一年目の終了とともに、チームは「日本ハムファイターズ」へと名称を変えた。まさに波乱の一年の渦中にその身を置いていた。

ルーキーイヤーの七三年、新美は五十四試合に登板し、十二勝十三敗で見事に新人王に輝いた。十カ月しか存在しなかったチームにおいて、唯一のタイトルホルダーとして、野球史に名を残すことになった。

「プロ入りするときに、〝身売りをするようなところには行きたくない〟って言っていたのにね（笑）。でも、〝野球ができるのならば、どこでも一緒だ〟という思いもありましたけどね。裏切られたというよりは、〝まぁ、そういう世界なんだろう〟という思いしかなかったのかな、当時は。入団したとき、年俸は百八十万円でした。そして一年目に十二勝して、２００イニング以上投げて新人王になったのに、年俸は百五十万円しか上がらなかった。そのことの方が、よく覚えているね」

日拓に親会社が代わって、「待遇はよくなった」と、東映時代を知る者たちは口々に語っていた。しかし、東映時代を経験せず、社会人の日本楽器から日拓入りした新美にとって、待遇のよさなど少しも感じなかったという。

「寮の飯《めし》がひどかったです。僕は日本楽器から入団しているじゃないですか。日本楽器の飯はデザートまですごかったから。それに比べると、日拓時代は量も、味も、比べ物にならなかった。だからいつも、近所の一杯飲み屋みたいなところで食事をしていました。寮のおばちゃんから、〝もったいないから食べないときは、事前に電話をして〟って言われたけど、僕は逆に、〝食べるときには電話をするから〟って言っていましたね。でも、さすがに日本ハムに代わってからは食事面はよくなりましたよ。当然、ハムが多かったけど（笑）」

それでも、「日本ハムよりも、日拓に愛着はある」と、新美が述べていたことは第八章ですでに述べた。さらに新美には彼だけの思い出がある。

「あれは新人王を取った後のことだから、七三年のシーズンオフだったと思います。もうチームは日本ハムになっていたときに日拓から連絡がきて、日拓本社に出向いて、一年間のねぎらいの言葉をいただきました。新人王のお祝いです。そのときに、〝みんなの前でお祝いできなくて悪かったな〟って言われました。そのことはよく覚えています。ただ、それを誰に言われたのかは定かじゃないんです。たぶん西村さんだったのかもしれないけど、なぜかその瞬間のことが曖昧《あいまい》なんです……」

新美にねぎらいの言葉をかけ、「みんなの前でお祝いできなくてすまなかった」と謝罪した人物は、はたして誰だったのだろうか？　仮にそれが西村の発言だとしたら、チームを手放すことになったものの、それでも選手たちのことはその後も気にかけていたのだろうか？　そしてこのとき、西村の心境はどのようなものだったのだろうか？

さまざまな想像が駆け巡《めぐ》るエピソードだった。

＊

チーム解散後、一度だけ西村オーナーと接点を持った男がいる。

七六年限りで現役を引退すると、そのまま日本ハムのフロントに入り、選手寮の寮長やチーフディレクターなどを歴任した大室勝美だ。

「みんなはどう言うかわからないけど、僕にとっては西村さんにはお世話になりっ放しだし、感謝の思いしかないです。あの人が築いてくれたチームが、僕のプロ野球としての第一歩ですから。そうそう、チームが解散した後、一度だけ西村さんに会ったことがあるんです。あれは確か、赤坂のディスコだったと思います……」

当時、すでに日本ハムの職員となっていた大室は、西村がオーナーを務めるディスコのオープニングパーティーに出向いたという。

「西村さんがいらっしゃるのを知って出かけました。長年の感謝の気持ちを伝えるために、西村さんにお礼を言いに行ったとしたら、それは美談なんでしょうけど、実はそうではないんです。その頃、私には大好きなバンドがあったんです。……何て言ったっけな、あっ、ビジーフォーだ。彼らの物真似《ものまね》が大好きで、ディスコのお披露目《ひろめ》パーティーに登場すると聞いていたので、赤坂まで出かけたんです」

このとき、大室は西村の下に駆けつけ、礼を述べている。

「音楽が鳴り響いている中、舞台袖《そで》で西村さんにあいさつさせていただきました。〝日拓ホーム時代にはお世話になりました〟と言いました。私のことを覚えていたのかどうかはわかりませんが、〝ありがとう〟と言われました」

日拓入団を契機として、大室は後継球団である日本ハムひと筋の野球人生を送った。現在でも、事業統括本部首都圏事業部の一員として球団にかかわり続け、週に何度かはファーム施設のある鎌ケ谷《かまや》スタジアムに足を運んでいる。

そんな彼に「日拓時代の思い出」を尋ねると、穏やかな表情で大室は口を開いた。

「楽しいことばかりでした。いい時間でしたよ。いろんな意味で、自分の身になりました。本当にいい時間でしたね……」

高校卒業後、最初に飛び込んだのが発足したばかりのノンプロチーム、日拓だった。そして、子どもの頃から抱いていた「プロ野球選手になりたい」という夢をかなえてくれたのは、誕生したばかりの日拓ホームフライヤーズだった。

そんな大室にとって、日拓の創始者である西村には、今でも感謝の思いしかない。

## 大下剛史の「その後」

「よぅ、こんな遠いところまで来てくれたよ、足元が悪いのに……」

雨中の広島市内で出迎えてくれたのが大下剛史だった。

日本ハムでは一年だけプレーした後、七五年に地元の広島に移籍するとともにカープ初優勝に貢献。七八年の現役引退後も「鬼軍曹《おにぐんそう》」と呼ばれる厳しい指導者として赤いユニフォームに身を包み、今では完全に「カープの人」となっている。

「そうよ、あのトレードのおかげでワシは広島に返してもらって、カープで初優勝をして、それからもずっとカープにお世話になって、こうして今でも広島で暮らしている。あのトレードは、埋もれていた人間を生き返らせたのかもわからんな。これが本来のトレードの姿なのかもわからんな……」

そもそも、日本ハム社長・大社義規と大下には浅からぬ縁があったという。

「日本ハム前身の徳島ハムの頃から、ワシの親父と大社さんは知り合いだったんだよ。で、大社さんは広島の海田町《かいたちょう》に大きな工場を建設してるんだよ。当時の海田の町会議長はうちの親父だった。軍用地の払い下げの土地をめぐる工場誘致の縁もあって、うちの親父と大社さんは、そもそも仲が良かったんだね。だから、日拓が身売りして日本ハムになったときは驚いたよ。一時期は、〝将来は大下を日本ハムの監督に〟っていう話まで出たし、ワシも、〝将来は約束されたな〟と思ったよ。でも、三原さんにとって、ワシは目障りな存在だったんだろうね」

新球団発足に当たって、「旧東映」のイメージを一掃しようとしていた日本ハムだったが、大下だけは例外だったという。

「大社さんはワシに言っていたよ、〝お前だけはトレードに出さん〟って。でも、東北にサイン会に出かけていたとき、ホテルのフロントにメッセージが届いていて、すぐに連絡してみると、思いもよらないトレード通告だった……」

このとき、大社は社用でイギリス・ロンドンへ出張していたという。大下はこの事実を後に知ることになる。これを受けて、今でも「三原さんは大社さんが不在の間に、電光石火の早業《はやわざ》で広島とのトレードを決めたのだ」と、大下は考えている。

東京の生活が好きで、大社オーナーの人柄にもほれ込んでいた大下だったが、故郷に戻ると想像以上の歓待を受け、カープ初優勝の立役者にもなった。今では広島の街を愛し、カープに対する思い入れも大きい。

しかし、それでも若き日々を過ごした「フライヤーズ」に対する愛着も深い。

「あの頃はチンピラが野球やっとるようなもんよ。張本さん、大杉さん、白さん……。東映時代の主力選手たちは、お世辞にも品のいい連中ではなかった。それは食品会社にとってはあまり好ましいものではなかったのかもしれんな。企業イメージとのミスマッチだよ(笑)。でもな……」

大下は情感を込めて続ける。

「……でもな、ワシはあのチームカラーが大好きじゃった。いまだにあのときのチームが、わしゃ大好きだね」

改めて、大下に問う。「東映・日拓・日本ハム」と続いた激動の七三年のことを。大下はしばらく考えてから、ゆっくりと口を開いた。

「あの頃は、野球をやったっていう感じはせんね……」

その答えは短い。続けて、「西村オーナーの功罪」について尋ねると、大下はしばらく考え込んだ。

「……最初は、〝こんな人を野球界に入れてもいいの？〟という感じはしたね。彼が野球界に入ってよかったのか、悪かったのかというと、それはひと言では片づけられないよね。ただ、野球界に混乱を残して去っていったのは間違いない。誰でも野球界に参入できるとなって、ガチャガチャになったよね。でも、たとえ短い期間であっても、プロ野球チームのオーナーだったんだから、いつまでも野球界を見守っていてほしいし、長く愛してほしいよ」

そして最後に、改めて「あの十カ月」を問うと、大下は小さく微笑《ほほえ》んだ。

「祭りだよ」

その理由を尋ねる。

「毎日が祭りだったよ、あの頃は。狼《おおかみ》たちの集団が自由に野球をしていたんだからね。やっぱりあれは祭りだったんだよ……」

現在ではカープのイメージが強い大下は、その瞬間だけは「フライヤーズ」のことを思い出していたようだった。三時間近くに及んだ取材が終わり、別れの瞬間が訪れる。

外に出ると、まだ雨が降っていた。ビニール傘を差した大下が言う。

「お前ら、よう遠いところまで来てくれたの。野球界の昔話を、こうして後輩たちに伝えることはワシらにはなかなかできん。あんたらがおらんな、伝わらんのじゃけ。これ、大事なことなんよ。本当にありがとう。ありがとう……」

大下は深々と頭を下げる。礼を言うのはこちらの方だった。

## 西村昭孝の「その後」

七二年を最後にチームを手放して東映再建に命を懸けた岡田茂は、「映画界のドン」と呼ばれ、その後も走り続けた。社運を賭《か》けて公開した『仁義なき戦い』は大ヒットを記録。すぐにシリーズ化された。そして、九三年には社長職を退き、東映の会長となった。

さらに九五年には映画界での長年の功績が認められ、勲二等瑞宝章《ずいほうしょう》を受章。一一年に八十七歳で没するまで、映画界に多大な影響力を誇った。

七三年オフに「関東進出」を旗印に球界に参入した日本ハム社長・大社義規は、その後もファイターズを愛し続けた。球界有数の野球好きオーナーとして、本拠地である後楽園球場、東京ドームに足しげく通い、ファンからも愛された。

チーム誕生後、しばらくの間は低迷期が続いたものの、大沢啓二監督が率いた八一年に初優勝を飾ると、大社は選手たちから胴上げをされた。報道陣に対して、「ビールを頭から飲んだのは初めてだ」と笑ったという。

そしてこの日、彼が着用していたユニフォームに刻まれていた背番号《100》は、後に球団史上初、オーナーとしても史上初の永久欠番となっている。

○二年にオーナー退任後も、ファイターズには愛情を注ぎ続けた。北海道への本拠地移転を見届けて、大社は○五年に九十歳の大往生《だいおうじょう》を迎えた。こうした長年の功績が認められ、没後の○九年には野球殿堂入りも果たしている。

選手からも、ファンからも愛された幸せな最期だった。

七三年秋に「日拓買収」に名乗りを上げた日本熱学工業は、業績悪化を受けて翌七四年に、あえなく倒産する。さらに、同年十二月には代表取締役社長・牛田正郎が特別背任罪《はいにん》で逮捕され、翌七五年に破産。その顚末《てんまつ》は牛田自身の手で、『悪党の手口　小説・日本熱学倒産事件』（イースト・プレス）に生々しくまとめられている。もしもあのとき、日本熱学工業が日拓を買収していたとしたら、球界はさらなる混乱に襲われていたことだろう。

また、東京スタジアム売却をめぐって西村とやり合った小佐野賢治は、その後、ロッキード事件の被告人となり、八六年に六十九歳で亡くなっている。

日拓買収の際に自身の名刺が使われたという大平正芳は、日本ハムが誕生した七四年七月に大蔵大臣となった。そして、七八年から八〇年にかけては第六十八代、六十九代内閣総理大臣となり、八〇年に首相在任中のまま七十歳で亡くなっている。

日拓に身売りをした東映、日拓を買収した日本ハム。

それぞれの社長はともに鬼籍《きせき》に入った。また、関係者たちもすでに物故者となった。フライヤーズをめぐる男たちの攻防も、すでに遠い日の出来事となりつつある。

日拓ホームフライヤーズが誕生した昭和四十年代はまだ、利権に群がる魑魅魍魎《ちみもうりょう》が生々しく跋扈《ばっこ》する時代だった。政商、フィクサー、黒幕といった男たちとプロ野球とのつながりは現在よりもずっと密接なものだったのだろう。

＊

わずか十カ月しか存在しなかった「日拓ホームフライヤーズ」の中心人物は、まぎれもなく日拓社長・西村昭孝だった。

傘寿を過ぎた現在に至るまで、西村は日拓グループのトップとして奮闘を続けている。

球界から去った日拓は、オイルショックを契機に建売住宅部門からは撤退。プレハブ住宅部門も積水ハウスやミサワホームら大手の進出とともに事業を縮小した。

その一方ではビル事業やレストラン、パチンコなどのレジャー部門を中心に安定した経営を続けて、大成功を収めた。今では都内の主要ターミナル駅の近くには「日拓」の名前を冠したパチンコ店が盛況を誇っている。現在は息子の拓郎《たくろう》に社長職を譲り、自らは会長職に就いて悠々自適の生活を送っている。

激動の七三年について、日拓グループに取材を申し込んだものの、「取材は難しい」というひと言のみで、西村との対面はかなわなかった。近年の西村について、張本は言う。

「二年位前までは一週間に一度程度、近所のゴルフ練習場で西村さんにお会いしましたよ。私と西村さんは家が近かったものでね。朝、ゴルフの練習をして、〝ハリちゃん、先、帰るよ〟と言って、それから会社に顔を出しているようでした。最近はお会いしていないけど、人間は柔らかいし、穏やかな雰囲気でしたよ」

七三年秋以降、西村が表舞台で「日拓球団」について語ることはほぼなかった。確認できたところでは、急転直下の球団譲渡劇の直後、毎日新聞（七三年十一月十九日付）のインタビューに応じて、この時点での率直な心境を吐露《とろ》している。

「一シーズンで球団が出した赤字は二億円。元々、赤字は覚悟していたことだし、それはプロ野球界に寄付したと考えている……」

当初は、「まだやる気でいた」ものの、パ・リーグ各球団のオーナーたちが日拓身売りを前提に話を進めていることに腹が立ち、売却を決意したという顚末が語られている。さらに、球界関係者に対する怒りを隠すことなく表明。また、日本ハムへの売却金額は「二億の二倍前後と考えてもらえばいい」と発言している。

そして、ここからしばらくの間、西村は球界から姿を消した。

彼の姿が表舞台に登場するのは野球界ではなく、経済界だった。

球団売却後、およそ一年が経過した頃には、経済誌で次のような発言を残している。

「マスコミでは落ちぶれたとかなんとか言われてますよ。でも、球団を持って、経済的な差し引きはゼロですよ。むしろ知名度は増したし、ボクが、なぜシュンとしていなくちゃいけないのですか」

（「経済界」七五年一月号）

あるいは、球団譲渡から十年が経過した八四年時点では、球団買収時点の思い出を次のように語っている。

「マスコミにはいい思い出はありません。球団買収の発表のときには、出席の記者の人たちにカツ丼をくばったんですが、四、五〇個のカツ丼をとるには一ヵ所では間に合わない。そこで、数店のお店に注文してもってきてもらったんですよ。そうすると器が違う。私もいっしょに食べながらの記者会見。ところが、翌日の新聞には、自分は特上のカツ丼を食べて、記者連には並のカツ丼を出した、がめついオーナーなんて書かれましてね。いやぁーまいりました」

（「オール生活」八四年八月号）

そして西村は、「あの十カ月」について、こんな発言もしている。

「楽しかったのは、キャンプまでですね。キャンプに差入れを持っていって、選手たちを激励したのが愉快でした。選手ひとりひとり、生活をかけて目の色をかえて練習にとり組んでいる姿には、心を打たれましたよ。ひょっとして、優勝するんじゃないかなんて思ったりして。それに、お金も損しなかったし……」

（前掲誌）

さらに、球団売却から十五年が経過していたバブル真《ま》っ只中《ただなか》の八九年には、「球団売却」の真相について語っている。

「その後、ロッテと日拓フライヤーズの合併話があったりするうちに、〝三原魔術〟で知られる三原脩さんが大平正芳さん（元総理）の紹介で訪ねて来られ「日本ハムが球団を持ちたいので譲ってくれ」ということになったんです。

その結果、お譲りすることになったんです。幾らで譲ったかというと買い値に三億円ほどのせた金額じゃなかったかと思いますが、球団の赤字が年に三億円ほどでしたから、形

としてもお預かりしただけの格好でしたね」（「月刊経営塾」八九年十月号）

張本が語っていた「大平正芳の名刺」が改めて頭をよぎる。

これらの数少ない「西村発言」において、球団経営を直接的に回顧し、率直に感想を述べているのは次の一節かもしれない。

「でもいろいろ勉強になりました。オーナー会議とか、興行の仕方とか、またプロの選手たちの真剣さとか。いまでもやってよかったと思っています」（「オール生活」八四年八月号）

球団売却後、「無責任だ」「身勝手だ」と、さまざまなバッシングの嵐にさらされた西村だったが、混乱から十年のときを経て、「いまでもやってよかった」と感じていた。

これが、本音であるのか、マスコミを前にしての建前の発言であるのか、真相はわからない。それでも、その真意はともかく、西村自身が球団経営を振り返って、「やってよかった」と発言しているのは紛《まぎ》れもない事実だった。

長いプロ野球の歴史において「日拓ホームフライヤーズ」というチームが存在したことは確かであり、東映と日本ハムとをつなぐ懸《か》け橋《はし》となったことは間違いない。

このとき、日拓が東映を引き受けたからこそ、現在に続く日本ハムの繁栄がある。メジャーリーグで活躍するダルビッシュ有《ゆう》も、大谷翔平《おおたにしょうへい》も日本ハムのユニフォームに身を包んで躍動した。つまりは、日拓ホームフライヤーズの後継球団のOBでもあるのだ。日拓は東映からのバトンを受け取り、そして日本ハムに将来を託した。わずか十カ月とはいえ、日拓ホームフライヤーズもまた長いプロ野球史の一部なのだ。

あのとき西村が「東映買収」の決断をしなければ、はたして現在のプロ野球はどうなっていたのだろうか？

＊

日拓ホームフライヤーズ消滅から三十年が経過した二〇〇四年には、大阪近鉄バファローズとオリックス・ブルーウェーブの合併問題に端を発する「球界再編騒動」が勃発《はっぱつ》し、球界に激震が走ったことは記憶に新しい。

このとき、パ・リーグ各球団のオーナーたちは、「これを契機に一リーグ制に移行しよう」と目論《もくろ》んだ。一連のやり取りを通じて、「三十年」という長い時間を経てもなお、パ・リーグの抱えている問題は何ひとつ変わっていないということが露呈することとなった。このときは、まずライブドアが救世主として登場し、続いて楽天《らくてん》が名乗りを上げた。結局、東北楽天ゴールデンイーグルスが誕生したことで、二リーグ制はかろうじて保たれることとなった。〇四年の一連の騒動はいずれも、いつかどこかで見た光景だった。

七色のユニフォームを着た男たち。歴史の懸け橋となった男たち。

そんな男たちが集った虹色《にじいろ》球団が、かつて確かに存在した。

七三年の混乱劇の主役であり、それでも長い目で見れば、現在に続く球界繁栄の捨て石となったチーム。虹のように儚《はかな》く消えていった幻のチーム。

それこそ、日拓ホームフライヤーズだったのだ――。

# あとがき　虹色球団――消滅球団をめぐる旅

## 子どもの頃に抱いた小さな疑問

子どもの頃から、「野球本」を読むことが大好きだった。

あの頃、選手名鑑や大百科、大全の類を読んでいると、その巻末には「球団変遷《へんせん》史」が必ず掲載されていた。そこで目にしたのが「高橋ユニオンズ」であり、「クラウンライターライオンズ」であり、「日拓ホームフライヤーズ」だった。

一九五四（昭和二十九）年に誕生した高橋ユニオンズは、翌五五年にはトンボユニオンズとなり、わずか一年後の五六年には再び高橋ユニオンズに名称変更し、その後消滅している。

（どうして、『高橋』なんて個人名が球団の名前になっているのだろう？　トンボ？　トンボ鉛筆？　トンボユニオンズって、何だろう？）

少年時代の僕は、そんな疑問を抱いたことを覚えている。

あるいは、七七年に誕生したクラウンライターライオンズは翌七八年限りで消滅し、七九年からは現在に続く西武ライオンズとなっていた。

（どうして、ライターの会社がプロ野球球団を持っていたのかな？）

そして、東映フライヤーズの後を受けて、七三年に発足した日拓ホームフライヤーズはわずか一年でなくなっている。

（どうして、たった一年で潰《つぶ》れちゃったのかな？）

当時の僕は「高橋ユニオンズは三年、クラウンライターライオンズは二年、そして、日拓ホームフライヤーズは一年」という事実にとても驚いた。

三年、二年、そして一年限りしか存在しなかった「幻《まぼろし》の球団」――。

それが、僕にとっての高橋・トンボであり、クラウンライターであり、日拓ホームだったのだ。


やがて大人になっても、僕は「野球本」を読み続ける熱心な野球ファンとなった。

そして、高橋ユニオンズは「日本のビール王」と称された高橋龍太郎《りゅうたろう》が、二リーグ制存続のために個人資産を切り崩して球団運営に当たったことを知る。

あるいは、クラウンライターライオンズは、現在でいうネーミングライツの一環であり、実質的な球団運営は「福岡野球株式会社」が行っていたこと、その前身で四年間存在した太平洋クラブライオンズと地続きであることを知る。

同様に日拓ホームフライヤーズについても、経営が立ち行かなくなった東映の後を受けて、土地ブームの中で台頭した新興企業が球団運営に乗り出したものの、諸々《もろもろ》の誤算とともに一年で断念。日本ハムに身売りしたことを知る。

すでに成人していた僕は、これらの「消滅球団」に興味を持ち、この三球団に関する本を読もうと探してみたものの、古い雑誌記事は見つかったけれど、一冊にまとまったものは一向に見つけることができなかった。

するとますます、「読みたい」「知りたい」という思いは強くなっていった。

そんな思いを抱いたまま、僕は野球に関する本を多く執筆する物書きとなった。

やがて、僕は決意する。

——自分で調べて、自分で書けばいいいじゃないいか。

それが、もうすぐ四十歳になる頃のことだった。

## 消滅球団をめぐる旅の始まり

最初に取り組んだのが高橋ユニオンズだった。

戦後間もない時期に誕生したユニオンズに関する資料は少なかった。敗戦から六十年が経過しようという頃だったため、当時の選手たちの多くは鬼籍《きせき》に入っており、苦心して存命中の方を探し出し、話を聞いて歩く日々が続いた。

キーパーソンとなったのは『プロ野球ニュース』のキャスターとして長きにわたって活

躍した佐々木信也《ささきしんや》氏だった。ユニオンズでプロ生活をスタートした佐々木さんの紹介でさまざまな関係者と出会うことができ、その成果は一一年十月に『最弱球団　高橋ユニオンズ青春記』（白夜書房／後に彩図社文庫）にまとめることができた。

取材や執筆は大変だったけれど、ユニオンズに関するすべてのことはとても楽しかった。本の反響も意外なほど大きく、しばらくの間は自分なりの達成感を得ていた。しかし、それもほんのつかの間の出来事で、すぐにまた次の欲望が芽生《めば》えてくる。

僕はすぐに太平洋クラブ・クラウンライターライオンズに関する取材を始めた。

この取材では元球団代表の坂井保之氏に本当にお世話になった。また、消滅後まだ三十年程度しか経過していなかったため、多くのOBが健在で、とても元気だったことも幸いした。東尾修《ひがしおおさむ》、基満男《もといみつお》、竹之内雅史《たけのうちまさし》、真弓明信《まゆみあきのぶ》、若菜嘉晴《わかなよしはる》など、子どもの頃から見ていたスター選手たちに話を聞く作業はとても楽しかった。そして、その成果が一五年に上梓《じょうし》した『極貧球団　波瀾の福岡ライオンズ』（日刊スポーツ出版社）となった。

この本が刊行されたとき、僕の頭の中にはすでに「第三弾」の構想が明確に浮かんでいた。高橋ユニオンズの三年間、クラウンライターライオンズの二年間を振り返った以上、子どもの頃に抱いた疑問を解消すべく、日拓ホームフライヤーズの一年間も自分の手で描きたい。そんな思いがすでに芽生えていたのだ。

当時すでに、「消滅球団三部作」の構想は完成していたのだ。

こうして、一七年夏からは日拓ホームをめぐる旅が始まった。

取材は当時のチームリーダー、張本勲からスタートし、断続的にＯＢたちに会っていった。彼らが日拓時代を振り返るときに、一様に口にしたのが「七色のユニフォーム」だった。誰もが、「七種類もあるから、今日はどれを着るのか確認するのがとても大変だった」と笑顔で振り返っていた。また、同業者や編集者たちに「今、日拓ホームフライヤーズの取材をしている」と言うと、誰もが「あの七色のユニフォームのチームだよね？」と口にした。

選手たちにとっても、世間にとっても、多くの者が「日拓＝七色のユニフォーム」なのだろう。わずか十カ月しか存在しなかった幻の球団は、七色のユニフォームとともに人々の記憶に刻まれているのだ。


本書の取材も楽しかった。さまざまなＯＢに話を聞いたけれど、広島で出会った大下剛史の語る日拓時代のエピソードは「古きよき昭和のプロ野球」を感じさせてくれるものばかりだった。本文中でも触れたが、別れ際に「本当にどうもありがとう」と頭を下げられたときの感動は今でも、はっきりと息づいている。

こうして取材が進み、資料の山と格闘しているときに、ふと「虹色《にじいろ》球団」というフレーズが頭に浮かんだ。日拓ホームフライヤーズの生涯は、真夏の大空に一瞬だけ架けられる幻の虹のような気がしたからだ。さらに、プロ野球史においても、「日拓」は紛《まぎ》れもなく、「東映」と「日本ハム」をつないだ虹の懸《か》け橋《はし》であった。

七色のユニフォームに身を包み、東映から日本ハムへの橋渡しをしたものの、あっという間に消滅した幻の球団――。

こうして、『最弱球団』『極貧球団』に続く、消滅球団三部作の完結編のタイトルを『虹色球団』とすることに決めた。

これで、当初イメージしていた「三部作」の完結を得たつもりだったのだが、本書の取材を通じ、僕の胸の内には新たな興味、関心が湧《わ》いてきた。

まだ関係者の多くが存命で、資料も多く残っている「ある球団」について書いてみたいという欲望がムクムクと湧き上がっているのだ。

それがいつの時代のどの球団なのかは、読者のみなさんの想像にお任せして、ひとまずは「消滅球団三部作」の一応の完結編となる『虹色球団』の筆をおくこととしたい。ぜひ、「かつてこんな球団があったのだ」ということを再確認していただければ幸いである。

二〇一九年立春――

長谷川晶一

P4〜7、序章〜第八章扉写真提供・産経新聞社

## 日拓ホームフライヤーズ全所属選手成績(50音順)

1973(昭和48)年の一軍出場成績(投手は投手成績、野手は打撃成績を記載)。名前の後の数字は背番号。登録名とその読み方、および身長・体重、生年月日などは公式ファンブック『'73 レッツゴーフライヤーズ』によった。

### 相本 和則《あいもと・かずのり》 36

1949年4月22日生まれ 175cm 73kg 右投右打 内野手

| 試合 | 打数 | 安打 | 本塁打 | 塁打 | 打点 | 盗塁 | 犠打 | 犠飛 | 四球 | 死球 | 三振 | 打率 |
|---|---|---|---|---|---|---|---|---|---|---|---|---|
| 26 | 41 | 9 | 2 | 16 | 5 | 0 | 0 | 0 | 6 | 0 | 10 | .220 |

### 今井 務《いまい・つとむ》 38

1945年4月29日生まれ 173cm 73kg 左投左打 内野手

| 試合 | 打数 | 安打 | 本塁打 | 塁打 | 打点 | 盗塁 | 犠打 | 犠飛 | 四球 | 死球 | 三振 | 打率 |
|---|---|---|---|---|---|---|---|---|---|---|---|---|
| 42 | 38 | 9 | 0 | 12 | 3 | 1 | 1 | 0 | 3 | 0 | 6 | .237 |

### 岩崎 清隆《いわさき・きよたか》 35

1951年6月15日生まれ 178cm 72kg 右投右打 内野手

一軍出場なし

### 宇田 東植《うだ・とうしょく》 14

1948年8月23日生まれ 176cm 70kg 右投右打 投手

| 試合 | 勝 | 敗 | 完投 | 投球回 | 安打 | 本塁打 | 四球 | 死球 | 三振 | 防御率 |
|---|---|---|---|---|---|---|---|---|---|---|
| 12 | 0 | 0 | 0 | 22.1 | 27 | 5 | 8 | 2 | 9 | 6.14 |

### 江田 幸一《えだ・こういち》 41

1947年10月31日生まれ 172cm 70kg 右投右打 投手

| 試合 | 勝 | 敗 | 完投 | 投球回 | 安打 | 本塁打 | 四球 | 死球 | 三振 | 防御率 |
|---|---|---|---|---|---|---|---|---|---|---|
| 14 | 1 | 0 | 0 | 26.2 | 28 | 5 | 11 | 0 | 11 | 5.33 |

### 衛藤 雅登《えとう・まさと》 45

1947年4月15日生まれ 180cm 73kg 右投右打 投手

一軍出場なし

### 大沢 勉《おおさわ・つとむ》 25

1948年5月3日生まれ 177cm 75kg 右投右打 捕手

一軍出場なし

### 大下 剛史《おおした・つよし》 1

1944年11月29日生まれ 172cm 68kg 右投右打 内野手

| 試合 | 打数 | 安打 | 本塁打 | 塁打 | 打点 | 盗塁 | 犠打 | 犠飛 | 四球 | 死球 | 三振 | 打率 |
|---|---|---|---|---|---|---|---|---|---|---|---|---|
| 107 | 406 | 106 | 8 | 142 | 30 | 24 | 10 | 1 | 39 | 2 | 27 | .261 |

## 大杉《おおすぎ》 勝男《かつお》 3

1945年3月5日生まれ　180cm　89kg　右投右打　内野手

| 試合 | 打数 | 安打 | 本塁打 | 塁打 | 打点 | 盗塁 | 犠打 | 犠飛 | 四球 | 死球 | 三振 | 打率 |
|---|---|---|---|---|---|---|---|---|---|---|---|---|
| 130 | 478 | 129 | 34 | 247 | 85 | 3 | 0 | 7 | 59 | 4 | 56 | .270 |

## 大室《おおむろ》 勝美《かつみ》 46

1950年12月22日生まれ　168cm　60kg　右投両打　外野手

| 試合 | 打数 | 安打 | 本塁打 | 塁打 | 打点 | 盗塁 | 犠打 | 犠飛 | 四球 | 死球 | 三振 | 打率 |
|---|---|---|---|---|---|---|---|---|---|---|---|---|
| 102 | 165 | 41 | 2 | 49 | 7 | 15 | 11 | 0 | 10 | 1 | 18 | .248 |

## 岡持《おかじ》 和彦《かずひこ》 53

1951年9月9日生まれ　175cm　72kg　左投左打　外野手

一軍出場なし

## 小形《おがた》 利文《としふみ》 59

1948年8月5日生まれ　179cm　75kg　右投右打　外野手

| 試合 | 打数 | 安打 | 本塁打 | 塁打 | 打点 | 盗塁 | 犠打 | 犠飛 | 四球 | 死球 | 三振 | 打率 |
|---|---|---|---|---|---|---|---|---|---|---|---|---|
| 18 | 9 | 2 | 0 | 2 | 0 | 1 | 0 | 0 | 1 | 0 | 1 | .222 |

## 岡村《おかむら》 浩二《こうじ》 29

1940年11月10日生まれ　175cm　80kg　右投右打　捕手

| 試合 | 打数 | 安打 | 本塁打 | 塁打 | 打点 | 盗塁 | 犠打 | 犠飛 | 四球 | 死球 | 三振 | 打率 |
|---|---|---|---|---|---|---|---|---|---|---|---|---|
| 72 | 159 | 33 | 3 | 46 | 13 | 0 | 0 | 1 | 23 | 2 | 20 | .208 |

## 尾崎《おざき》 行雄《ゆきお》 19

1944年9月11日生まれ　177cm　76kg　右投右打　投手

| 試合 | 勝 | 敗 | 完投 | 投球回 | 安打 | 本塁打 | 四球 | 死球 | 三振 | 防御率 |
|---|---|---|---|---|---|---|---|---|---|---|
| 3 | 0 | 0 | 0 | 6 | 12 | 4 | 2 | 0 | 3 | 13.50 |

## 小山田《おやまだ》 健一《けんいち》 31

1950年9月13日生まれ　181cm　82kg　右投右打　捕手

一軍出場なし

## 片岡《かたおか》 建《けん》 12

1947年1月23日生まれ　176cm　77kg　右投右打　投手

一軍出場なし

## 加藤《かとう》 俊夫《としお》 33

1948年1月20日生まれ　177cm　83kg　右投右打　捕手

| 試合 | 打数 | 安打 | 本塁打 | 塁打 | 打点 | 盗塁 | 犠打 | 犠飛 | 四球 | 死球 | 三振 | 打率 |
|---|---|---|---|---|---|---|---|---|---|---|---|---|
| 106 | 283 | 83 | 12 | 128 | 46 | 3 | 3 | 2 | 37 | 9 | 33 | .293 |

## 金田《かねだ》 留広《とめひろ》 34

1946年11月17日生まれ 180cm 80kg 右投右打 投手

| 試合 | 勝 | 敗 | 完投 | 投球回 | 安打 | 本塁打 | 四球 | 死球 | 三振 | 防御率 |
|---|---|---|---|---|---|---|---|---|---|---|
| 37 | 7 | 16 | 8 | 166.2 | 161 | 22 | 43 | 5 | 96 | 3.77 |

## 鎌野《かまの》 裕《ひろし》 49

1947年8月12日生まれ 177cm 80kg 右投右打 投手

一軍出場なし

## 鴨川《かもがわ》 清《きよし》 64

1948年1月24日生まれ 168cm 70kg 右投右打 捕手

| 試合 | 打数 | 安打 | 本塁打 | 塁打 | 打点 | 盗塁 | 犠打 | 犠飛 | 四球 | 死球 | 三振 | 打率 |
|---|---|---|---|---|---|---|---|---|---|---|---|---|
| 10 | 2 | 0 | 0 | 0 | 0 | 0 | 0 | 0 | 0 | 0 | 0 | .000 |

## 久保田《くぼた》 一《はじめ》 61

1949年7月29日生まれ 179cm 77kg 右投右打 捕手

一軍出場なし

## 小坂《こさか》 敏彦《としひこ》 24

1947年9月17日生まれ 172cm 68kg 左投左打 投手

| 試合 | 勝 | 敗 | 完投 | 投球回 | 安打 | 本塁打 | 四球 | 死球 | 三振 | 防御率 |
|---|---|---|---|---|---|---|---|---|---|---|
| 7 | 0 | 1 | 0 | 12 | 4 | 2 | 11 | 2 | 6 | 3.00 |

## 小林《こばやし》 一夫《かずお》 54

1949年11月17日生まれ 175cm 70kg 左投左打 外野手

一軍出場なし

## 阪本《さかもと》 敏三《としぞう》 2

1943年7月13日生まれ 170cm 70kg 右投右打 内野手

| 試合 | 打数 | 安打 | 本塁打 | 塁打 | 打点 | 盗塁 | 犠打 | 犠飛 | 四球 | 死球 | 三振 | 打率 |
|---|---|---|---|---|---|---|---|---|---|---|---|---|
| 130 | 478 | 128 | 10 | 178 | 41 | 7 | 8 | 4 | 37 | 3 | 32 | .268 |

## 作道《さくどう》 烝《すすむ》 23

1943年6月28日生まれ 175cm 75kg 右投右打 外野手

| 試合 | 打数 | 安打 | 本塁打 | 塁打 | 打点 | 盗塁 | 犠打 | 犠飛 | 四球 | 死球 | 三振 | 打率 |
|---|---|---|---|---|---|---|---|---|---|---|---|---|
| 10 | 12 | 3 | 0 | 3 | 1 | 0 | 0 | 0 | 0 | 1 | 2 | .250 |

## 桜井《さくらい》 憲《けん》 32

1948年4月9日生まれ 180cm 77kg 右投右打 投手

一軍出場なし

### 里見《さとみ》 進《すすむ》　40

1943年8月21日生まれ　174cm　73kg　右投右打　捕手

一軍出場なし

### 猿渡《さるわたり》 寛茂《ひろしげ》　56

1949年4月28日生まれ　172cm　73kg　右投右打　内野手

| 試合 | 打数 | 安打 | 本塁打 | 塁打 | 打点 | 盗塁 | 犠打 | 犠飛 | 四球 | 死球 | 三振 | 打率 |
|---|---|---|---|---|---|---|---|---|---|---|---|---|
| 25 | 30 | 7 | 0 | 7 | 0 | 0 | 0 | 0 | 0 | 1 | 6 | .233 |

### 新屋《しんや》 晃《あきら》　57

1955年2月1日生まれ　170cm　65kg　右投右打　内野手

一軍出場なし

### 末永《すえなが》 吉幸《よしゆき》　4

1948年　1月3日生まれ　173cm　69kg　右投左打　内野手

| 試合 | 打数 | 安打 | 本塁打 | 塁打 | 打点 | 盗塁 | 犠打 | 犠飛 | 四球 | 死球 | 三振 | 打率 |
|---|---|---|---|---|---|---|---|---|---|---|---|---|
| 74 | 165 | 39 | 4 | 57 | 15 | 1 | 6 | 1 | 12 | 2 | 21 | .236 |

### 杉田《すぎた》 久雄《ひさお》　15

1949年3月15日生まれ　182cm　77kg　右投右打　投手

| 試合 | 勝 | 敗 | 完投 | 投球回 | 安打 | 本塁打 | 四球 | 死球 | 三振 | 防御率 |
|---|---|---|---|---|---|---|---|---|---|---|
| 18 | 1 | 2 | 0 | 30.1 | 38 | 5 | 20 | 2 | 14 | 7.50 |

### 千藤《せんどう》 三樹男《みきお》　9

1947年9月28日生まれ　181cm　81kg　左投左打　外野手

| 試合 | 打数 | 安打 | 本塁打 | 塁打 | 打点 | 盗塁 | 犠打 | 犠飛 | 四球 | 死球 | 三振 | 打率 |
|---|---|---|---|---|---|---|---|---|---|---|---|---|
| 127 | 444 | 122 | 10 | 174 | 57 | 2 | 8 | 7 | 44 | 4 | 25 | .275 |

### 高橋《たかはし》 直樹《なおき》　21

1945年2月15日生まれ　182cm　72kg　右投右打　投手

| 試合 | 勝 | 敗 | 完投 | 投球回 | 安打 | 本塁打 | 四球 | 死球 | 三振 | 防御率 |
|---|---|---|---|---|---|---|---|---|---|---|
| 35 | 12 | 9 | 5 | 171.1 | 157 | 17 | 31 | 8 | 67 | 3.32 |

### 高橋《たかはし》 博《ひろし》　5

1946年3月10日生まれ　173cm　73kg　右投右打　内野手

一軍出場なし

### 辻《つじ》 正孝《まさたか》　55

1949年1月5日生まれ　179cm　78kg　右投右打　内野手

一軍出場なし

## 中原《なかはら》 勇《いさむ》 47

1950年9月12日生まれ 178cm 63kg 左投左打 投手

| 試合 | 勝 | 敗 | 完投 | 投球回 | 安打 | 本塁打 | 四球 | 死球 | 三振 | 防御率 |
|---|---|---|---|---|---|---|---|---|---|---|
| 9 | 0 | 1 | 0 | 6.2 | 5 | 2 | 1 | 0 | 3 | 3.86 |

## 中原《なかはら》 全敏《まさとし》 30

1944年11月30日生まれ 173cm 76kg 右投右打 内野手

| 試合 | 打数 | 安打 | 本塁打 | 塁打 | 打点 | 盗塁 | 犠打 | 犠飛 | 四球 | 死球 | 三振 | 打率 |
|---|---|---|---|---|---|---|---|---|---|---|---|---|
| 76 | 75 | 20 | 1 | 25 | 3 | 2 | 0 | 1 | 7 | 0 | 8 | .267 |

## 新美《にいみ》 敏《さとし》 16

1952年8月2日生まれ 172cm 73kg 右投右打 投手

| 試合 | 勝 | 敗 | 完投 | 投球回 | 安打 | 本塁打 | 四球 | 死球 | 三振 | 防御率 |
|---|---|---|---|---|---|---|---|---|---|---|
| 54 | 12 | 13 | 6 | 222.1 | 223 | 13 | 78 | 8 | 117 | 3.65 |

## 根本《ねもと》 学《さとる》 63

1951年5月14日生まれ 180cm 80kg 右投右打 捕手

一軍出場なし

## 白《はく》 仁天《じんてん》 7

1943年11月27日生まれ 174cm 80kg 右投右打 外野手

| 試合 | 打数 | 安打 | 本塁打 | 塁打 | 打点 | 盗塁 | 犠打 | 犠飛 | 四球 | 死球 | 三振 | 打率 |
|---|---|---|---|---|---|---|---|---|---|---|---|---|
| 96 | 291 | 72 | 6 | 103 | 20 | 8 | 2 | 1 | 16 | 2 | 22 | .247 |

## 林《はやし》 健造《けんぞう》 58

1943年5月21日生まれ 176cm 75kg 右投右打 外野手

| 試合 | 打数 | 安打 | 本塁打 | 塁打 | 打点 | 盗塁 | 犠打 | 犠飛 | 四球 | 死球 | 三振 | 打率 |
|---|---|---|---|---|---|---|---|---|---|---|---|---|
| 23 | 12 | 0 | 0 | 0 | 0 | 2 | 0 | 0 | 1 | 0 | 1 | .000 |

## 張本《はりもと》 勲《いさお》 10

1940年6月19日生まれ 180cm 85kg 左投左打 外野手

| 試合 | 打数 | 安打 | 本塁打 | 塁打 | 打点 | 盗塁 | 犠打 | 犠飛 | 四球 | 死球 | 三振 | 打率 |
|---|---|---|---|---|---|---|---|---|---|---|---|---|
| 128 | 441 | 143 | 33 | 260 | 93 | 12 | 1 | 5 | 93 | 6 | 32 | .324 |

## 菱川《ひしかわ》 章《あきら》 51

1947年1月2日生まれ 182cm 84kg 右投右打 外野手

| 試合 | 打数 | 安打 | 本塁打 | 塁打 | 打点 | 盗塁 | 犠打 | 犠飛 | 四球 | 死球 | 三振 | 打率 |
|---|---|---|---|---|---|---|---|---|---|---|---|---|
| 29 | 31 | 5 | 1 | 8 | 1 | 0 | 0 | 0 | 2 | 2 | 10 | .161 |

## 日高《ひだか》 晶彦《あきひこ》 48

1952年8月19日生まれ 175cm 74kg 右投右打 投手

一軍出場なし

## 福本《ふくもと》 万一郎《まんいちろう》 44

1947年1月3日生まれ　177cm　69kg　右投右打　投手

| 試合 | 勝 | 敗 | 完投 | 投球回 | 安打 | 本塁打 | 四球 | 死球 | 三振 | 防御率 |
|---|---|---|---|---|---|---|---|---|---|---|
| 1 | 0 | 0 | 0 | 3 | 5 | 1 | 2 | 0 | 1 | 9.00 |

## 藤池《ふじいけ》 昇《のぼる》 62

1953年8月24日生まれ　176cm　74kg　右投右打　捕手

一軍出場なし

## 藤原《ふじわら》 真《まこと》 11

1945年5月15日生まれ　178cm　76kg　右投右打　投手

| 試合 | 勝 | 敗 | 完投 | 投球回 | 安打 | 本塁打 | 四球 | 死球 | 三振 | 防御率 |
|---|---|---|---|---|---|---|---|---|---|---|
| 17 | 1 | 2 | 0 | 27 | 35 | 1 | 9 | 1 | 11 | 6.33 |

## 船田《ふなだ》 政雄《まさお》 52

1952年5月31日生まれ　177cm　70kg　右投右打　外野手

| 試合 | 打数 | 安打 | 本塁打 | 塁打 | 打点 | 盗塁 | 犠打 | 犠飛 | 四球 | 死球 | 三振 | 打率 |
|---|---|---|---|---|---|---|---|---|---|---|---|---|
| 22 | 10 | 2 | 0 | 4 | 1 | 1 | 0 | 0 | 1 | 0 | 2 | .200 |

## 保坂《ほさか》 英二《えいじ》 28

1953年11月29日生まれ　170cm　70kg　左投左打　投手

| 試合 | 勝 | 敗 | 完投 | 投球回 | 安打 | 本塁打 | 四球 | 死球 | 三振 | 防御率 |
|---|---|---|---|---|---|---|---|---|---|---|
| 1 | 0 | 0 | 0 | 0.1 | 1 | 0 | 2 | 0 | 0 | 0.00 |

## 三浦《みうら》 政基《まさき》 26

1949年11月17日生まれ　180cm　78kg　右投右打　投手

| 試合 | 勝 | 敗 | 完投 | 投球回 | 安打 | 本塁打 | 四球 | 死球 | 三振 | 防御率 |
|---|---|---|---|---|---|---|---|---|---|---|
| 27 | 6 | 3 | 1 | 84.2 | 76 | 4 | 42 | 6 | 50 | 2.65 |

## 三沢《みさわ》 今朝治《けさはる》 39

1941年1月3日生まれ　172cm　72kg　左投左打　外野手

| 試合 | 打数 | 安打 | 本塁打 | 塁打 | 打点 | 盗塁 | 犠打 | 犠飛 | 四球 | 死球 | 三振 | 打率 |
|---|---|---|---|---|---|---|---|---|---|---|---|---|
| 75 | 72 | 16 | 0 | 17 | 14 | 0 | 0 | 1 | 9 | 0 | 10 | .222 |

## 皆川《みながわ》 康夫《やすお》 27

1947年11月3日生まれ　174cm　73kg　右投右打　投手

一軍出場なし

## 宮崎《みやざき》 昭二《しょうじ》 20

1943年4月16日生まれ　182cm　75kg　右投右打　投手

| 試合 | 勝 | 敗 | 完投 | 投球回 | 安打 | 本塁打 | 四球 | 死球 | 三振 | 防御率 |
|---|---|---|---|---|---|---|---|---|---|---|
| 27 | 0 | 1 | 0 | 46 | 43 | 5 | 24 | 6 | 30 | 4.30 |

## 森中《もりなか》 通晴《みちはる》　13

1939年10月20日生まれ　175cm　74kg　右投左右打　投手

| 試合 | 勝 | 敗 | 完投 | 投球回 | 安打 | 本塁打 | 四球 | 死球 | 三振 | 防御率 |
|---|---|---|---|---|---|---|---|---|---|---|
| 18 | 4 | 6 | 2 | 62.2 | 86 | 10 | 28 | 4 | 30 | 5.57 |

## 八重沢《やえざわ》 憲一《けんいち》　6

1951年9月30日生まれ　173cm　73kg　右投右打　内野手

| 試合 | 打数 | 安打 | 本塁打 | 塁打 | 打点 | 盗塁 | 犠打 | 犠飛 | 四球 | 死球 | 三振 | 打率 |
|---|---|---|---|---|---|---|---|---|---|---|---|---|
| 6 | 8 | 0 | 0 | 0 | 0 | 1 | 0 | 0 | 1 | 0 | 2 | .000 |

## 山崎《やまざき》 武昭《たけあき》　17

1941年6月25日生まれ　177cm　79kg　左投左打　投手

| 試合 | 勝 | 敗 | 完投 | 投球回 | 安打 | 本塁打 | 四球 | 死球 | 三振 | 防御率 |
|---|---|---|---|---|---|---|---|---|---|---|
| 39 | 0 | 1 | 0 | 49.1 | 48 | 3 | 21 | 2 | 30 | 2.94 |

## 横山《よこやま》 晴久《はるひさ》　22

1949年10月24日生まれ　183cm　87kg　右投右打　投手

| 試合 | 勝 | 敗 | 完投 | 投球回 | 安打 | 本塁打 | 四球 | 死球 | 三振 | 防御率 |
|---|---|---|---|---|---|---|---|---|---|---|
| 2 | 0 | 0 | 0 | 4 | 5 | 3 | 2 | 0 | 0 | 11.25 |

## 吉田《よしだ》 誠《まこと》　37

1949年7月24日生まれ　180cm　83kg　右投右打　外野手

一軍出場なし

## ジム・レドモン　8

James William Redmon

1947年6月7日生まれ　177cm　77kg　右投右打　内野手

| 試合 | 打数 | 安打 | 本塁打 | 塁打 | 打点 | 盗塁 | 犠打 | 犠飛 | 四球 | 死球 | 三振 | 打率 |
|---|---|---|---|---|---|---|---|---|---|---|---|---|
| 73 | 230 | 56 | 5 | 78 | 24 | 5 | 0 | 3 | 4 | 2 | 22 | .243 |

## 渡辺《わたなべ》 秀武《ひでたけ》　18

1941年9月16日生まれ　183cm　86kg　右投右打　投手

| 試合 | 勝 | 敗 | 完投 | 投球回 | 安打 | 本塁打 | 四球 | 死球 | 三振 | 防御率 |
|---|---|---|---|---|---|---|---|---|---|---|
| 43 | 11 | 14 | 10 | 214 | 220 | 25 | 39 | 12 | 85 | 3.62 |

## 監督・コーチ陣

監督

田宮《たみや》 謙次郎《けんじろう》　50　1928年2月11日生まれ　176cm　85kg　左投左打

ヘッド・コーチ

カールトン《かーるとん》 半田《はんだ》　43　1931年4月20日生まれ　168cm　68kg　右投右打

二軍監督（後期より監督）

土橋《どばし》 正幸《まさゆき》　73　1935年12月5日生まれ　178cm　88kg　右投右打

ピッチング・コーチ

山根《やまね》 俊英《としひで》　71　1928年3月1日生まれ　177cm　80kg　右投右打

金山《かなやま》 勝己《かつみ》　76　1933年5月2日生まれ　174cm　73kg　右投右打

バッテリー・コーチ

鈴木《すずき》 悳夫《のりお》　78　1940年7月7日生まれ　179cm　82kg　右投右打

バッティング・コーチ

杉山《すぎやま》 悟《さとし》　70　1926年1月1日生まれ　180cm　82kg　右投右打

毒島《ぶすじま》 章一《しょういち》　72　1936年1月4日生まれ　179cm　77kg　右投左打

フィールディング・コーチ

岩下《いわした》 光一《こういち》　74　1940年3月4日生まれ　170cm　73kg　右投右打

ランニング・コーチ

潮《うしお》 喬平《きょうへい》　77　1934年12月12日生まれ　167cm　67kg　右投右打

## スタッフ

スコアラー

安藤《あんどう》 順三《じゅんぞう》

マネジャー

愛宕《おたぎ》 威志《たけし》

菅田《すがた》 功《いさお》

トレーナー

上野《うえの》 敬介《けいすけ》

後藤《ごとう》 孝《たかし》

## 『虹色球団』関連年表

**【1915（大正4）年】**
2月1日……大社義規氏誕生

**【1924（大正13）年】**
3月2日……岡田茂氏誕生

**【1932（昭和7）年】**
1月16日……西村昭孝氏誕生
4月　……大社氏、高松高商に入学

**【1942（昭和17）年】**
3月　……大社氏、「徳島食肉加工場」設立（のち「徳島ハム」）

**【1963（昭和38）年】**
8月　……徳島ハム、鳥清ハムと合併して「日本ハム」に

**【1965（昭和40）年】**
10月　……西村氏、「日拓観光」設立

**【1971（昭和46）年】**
8月25日……岡田氏、東映社長に就任

**【1972（昭和47）年】**
10月20日……「東映、パイオニアに身売り」報道
10月21日……パイオニア・石塚庸三社長、「買収断念」を表明
10月28日……太平洋クラブライオンズ誕生報道
10月31日……東映・田沢球団代表、パ・リーグ岡野会長に「球団存続」を正式表明
11月9日……プロ野球実行委員会（日比谷・日生会館）→「前後期制」正式決定
11月21日……第八回ドラフト会議（日生会館）
　→一位・新美敏（二～六位・三浦政基、相本和則、江田幸一、池田善吾（拒否）、新屋晃）
12月　……日拓観光、「日拓ホーム」に社名変更
12月4日……東映・岡田社長、亀清会にて球団売却の意思を伝える（「経済界」73年4月号）
12月25日……新人五選手の入団発表（銀座・東映本社八階会議室）
12月27日……「東急、フライヤーズを吸収」報道

**【1973（昭和48）年】**
1月13日……東映・岡田社長、日拓・西村社長会談（銀座東急ホテル）
1月16日……読売新聞「日拓に身売り」スクープ掲載
　東映、日拓へ球団売却記者会見（銀座東急ホテル）
　東映映画『仁義なき戦い』公開初日
1月17日……「日拓ホームフライヤーズ野球株式会社（仮称）」発足
1月21日……ノンプロ・日拓「解散通告」（西池袋・日拓ホーム本社）
1月30日……ノンプロ・日拓選手入団テスト（多摩川グラウンド）
2月1日……伊東キャンプ初日→記念パーティー（銀座東急ホテル）
3月1日……西村オーナー、国際興業・小佐野賢治社主（東京スタジアム会長）と会談。東京スタジアム買収の申し出
3月5日……伊東キャンプ打ち上げ
3月9日……田宮謙次郎監督、「新外国人獲得」のために渡米
3月13日……ジム・W・レドモン獲得を発表
4月10日……16時「日拓ホームフライヤーズ球団結成披露　西村オーナーを励ます会」財界関係者など千五百名出席（ホテルニューオータニ芙蓉の間）

4月14日……パ・リーグ開幕／対南海戦（後楽園）●4対5
↓ 金田留広先発完投
4月17日……対ロッテ戦（後楽園）○4対0
↓新美プロ初先発、初完封、初安打、初打点
4月19日……対ロッテ戦（後楽園）○2対1
↓金田、7回からリリーフ、初の兄弟対決
4月20日……新外国人・レドモン来日
4月22日……対近鉄ダブルヘッダー第一戦（日生）●6対13
↓張本勲、通算三千五百塁打達成
4月28日……対太平洋戦（後楽園）○7対6
↓レドモン初スタメン初ホームラン
4月29日……対太平洋戦（後楽園）●2対5
↓三万七千人の超満員
5月13日……対阪急戦（後楽園）●6対9
↓9回に七点を奪われ逆転負け。西村オーナー、監督への不信感募らす原因に？（24日付日刊スポーツ）
5月16日……対ロッテ戦（川崎）●0対2
↓敗戦投手・金田。「ロッテ戦では投げたくない」発言
5月17日……西村オーナー、田沢代表、田宮監督を自宅に呼び出す
↓田宮「進退を一任」、西村「監督を信頼」発言
5月21日……深夜・西村オーナー、田沢代表会談
↓「金田の発言は間違っている」
5月23日……日本ハム・大社社長、藍綬褒章受章
6月1日……近鉄に抜かれて最下位
6月10日……白仁天、二軍落ち（ノイローゼ説、監督への反抗説）
対南海戦（後楽園）○8対7
↓大室勝美プロ初HR、千藤三樹男サヨナラHR
6月14日……「土橋・張本体制」を「報知新聞」一面スクープ
6月16日……対近鉄ダブルヘッダー第二戦（後楽園）○1対0
↓高橋直樹ノーヒットノーラン達成
7月2日……西村オーナー、田宮監督更迭を表明
7月3日……「西村オーナー総監督就任」報道
7月10日……対ロッテ神宮決戦初戦・高橋直樹先発↓●4対5
7月11日……神宮決戦第二戦・渡辺秀武先発／五万三千人の大観衆
ルーキー・江田、プロ初勝利↓○9対8
ロッテの敗戦で南海の前期優勝が決まる

7月12日……大社氏藍綬褒章受章記念パーティー（ホテルオークラ東京）
7月13日……神宮決戦第三戦・三浦先発完投↓○4対1
西村オーナー、「田宮監督更迭、土橋監督就任」を発表↓田宮球団技術顧問、張本ヘッドコーチ。後期から七色ユニフォームを採用
7月16日……サマーキャンプ（長野県営球場／きくやホテル）
↓張本による早朝特訓（大杉、白、加藤）
7月20日……大社氏藍綬褒章受章記念パーティー（大阪ロイヤルホテル）
7月21日……サマーキャンプ最終日
オールスター第一戦（神宮）
7月27日……後期開幕
対ロッテ戦（神宮）○4対0
↓土橋監督初陣勝利。金田監督退場処分
8月17日……対太平洋戦（平和台）○4対2
↓試合前のノックにカラーボールを導入
8月21日……対南海戦（後楽園）○8対5
↓カラーボールの無料配布開始
8月26日……対太平洋ダブルヘッダー第一戦（後楽園）●2対6
↓金田、右手指骨折、全治六週間
8月29日……対近鉄戦（神宮）○8対1
↓新美、四度目の完投勝利
8月30日……対近鉄戦（神宮）○5対4
↓張本、プロ十五年目、通算七千六百六十九打席目で初の送りバント
9月10日……西村オーナー、土橋監督留任を決定。シーズン終了後の金田放出を発表
9月13日……「日本熱学、球界侵出」を日刊スポーツがスクープ。
西村オーナーは身売り報道を否定。選手は芦屋・竹園旅館で知らせを聞く
9月23日……対南海戦（後楽園）●2対6
↓「カラーユニホームデー」として試合前に全七色のユニフォームの披露とフォト・コンテストを実施。
10月16日……後期日程終了↓南海と同率三位
同日、「日拓・ロッテ合併の動き」報道。

10月17日……パ・リーグオーナー懇談会（新阪急ホテル）
ロッテ・重光、日拓・西村両オーナー会談（新宿・ロッテ本社）。西村オーナーが対等合併を提案。重光オーナーも了承。
↓ロッテとの合併案
10月18日……「新球団監督にカネやん」報道
↓「早ければ本日、正式調印。26日の実行委で承認」ロッテ役員会は合併を白紙に戻すことで合意。重光オーナー記者会見
10月21日……「日ロ合併ご破算」報道
10月27日……三原脩、大社会談（大阪球場貴賓室）
10月30日……三原、岡野パ・リーグ会長会談
↓この席上初めて「日本ハム」の名が出る
11月1日……岡野会長、西村オーナー会談（銀座東急ホテル）
11月6日……三原、西村宅を訪問（19付毎日新聞）
11月7日……岡野、三原、西村、大社会談。交渉成立
11月8日……日本ハム、日拓仮調印→西村、大社会談
11月10日……日本ハム・大社照史常務取締役「買収成功」を発表（大阪・日本ハム本社）
この日、日拓ナインはオープン戦のために名古屋へ
11月11日……「日本ハム、日拓を買収」報道
西村オーナー、会場に現れず球団譲渡調印延期（帝国ホテル）
11月13日……西村オーナー、後楽園スタヂアムに「球場の継続使用」を電話依頼
11月16日……11時、後楽園スタヂアム役員会。「東映、日拓の流れに従う」と決定
19時半・「日本ハム球団株式会社」発足会見（日比谷・帝国ホテル）
11月17日……16時、売却側の西村社長、買取側の大社社長との間で球団譲渡調印完了（帝国ホテル五六〇号室）
17時、日本ハム正式発足記者会見（帝国ホテル七階スカイルーム）。百二十人の報道陣、七本のマイクロホン。西村前オーナーわずか十分で退席
11月19日……日本ハム、全選手を集めて事務所開き（六本木・球団事務所）
11月20日……第九回ドラフト会議（日比谷・日生会館）
↓「日拓」は一度もドラフト会議に出席することなく消滅
11月26日……尾崎行雄、引退表明（六本木・球団事務所）
11月30日……日本ハム新首脳陣発表会見（六本木・球団事務所）
↓水原体制（土橋、毒島、岩下）を一掃
12月13日……張本契約更改。約9％アップ二千四百万円
12月17日……新チーム名称「ファイターズ」に決定（六本木・球団事務所）
12月26日……「金田留広←→野村収＋金銭トレード」発表

【1974（昭和49）年】

1月7日……日本ハム、球団の御用始め
1月17日……球団誕生披露パーティー（ホテルオークラ別館曙の間）
↓外務大臣・大平正芳出席「日本ハム球団誕生、陰の功労者」（司会者談）。他に山中防衛庁長官、大石武一元環境庁長官、三木のり平、フランク永井、高田恭子らが出席

# 日拓ホームフライヤーズ全試合記録

年間成績　55勝69敗6分け　勝率　.444　5位

前期成績　25勝37敗3分け　勝率　.403　5位

| 月日 | 球場 | 勝敗 | スコア | 対戦相手 | 先発投手 | 責任投手 |
|---|---|---|---|---|---|---|
| 4/14 | 後楽園 | ● | 4-5 | 南海 | 金田 | 金田 |
| 4/17 | 後楽園 | ○ | 4-0 | ロッテ | 新美 | 新美 |
| 4/18 | 後楽園 | ○ | 4-3 | ロッテ | 森中 | 森中 |
| 4/19 | 後楽園 | ○ | 2-1 | ロッテ | 高橋直 | 杉田 |
| 4/22 | 日生 | ● | 6-13 | 近鉄 | 新美 | 杉田 |
| | 日生 | ● | 4-6 | 近鉄 | 渡辺 | 渡辺 |
| 4/25 | 大阪 | △ | 8-8 | 南海 | 金田 | — |
| 4/28 | 後楽園 | ○ | 7-6 | 太平洋 | 新美 | 藤原 |
| | 後楽園 | ● | 3-5 | 太平洋 | 森中 | 森中 |
| 4/29 | 後楽園 | ● | 2-5 | 太平洋 | 高橋直 | 高橋直 |
| 4/30 | 後楽園 | ● | 4-7 | 太平洋 | 渡辺 | 渡辺 |
| 5/1 | 西宮 | ○ | 2-0 | 阪急 | 金田 | 金田 |
| 5/3 | 西宮 | ● | 3-12 | 阪急 | 高橋直 | 高橋直 |
| | 西宮 | ● | 6-7 | 阪急 | 森中 | 金田 |
| 5/4 | 平和台 | ● | 5-7 | 太平洋 | 渡辺 | 新美 |
| 5/5 | 平和台 | ○ | 3-0 | 太平洋 | 金田 | 金田 |
| 5/6 | 平和台 | ● | 1-3 | 太平洋 | 渡辺 | 渡辺 |
| 5/11 | 後楽園 | ● | 4-7 | 阪急 | 金田 | 金田 |
| 5/12 | 後楽園 | ○ | 2-1 | 阪急 | 新美 | 金田 |
| 5/13 | 後楽園 | ● | 6-9 | 阪急 | 渡辺 | 新美 |
| 5/15 | 川崎 | ● | 1-8 | ロッテ | 森中 | 森中 |
| 5/16 | 川崎 | ● | 0-2 | ロッテ | 金田 | 金田 |
| 5/19 | 大阪 | ● | 4-5 | 南海 | 新美 | 藤原 |
| 5/20 | 大阪 | ○ | 4-3 | 南海 | 渡辺 | 渡辺 |
| | 大阪 | ● | 2-6 | 南海 | 金田 | 金田 |
| 5/22 | 平和台 | ○ | 4-1 | 太平洋 | 新美 | 新美 |
| 5/23 | 平和台 | ○ | 5-3 | 太平洋 | 高橋直 | 渡辺 |
| 5/24 | 平和台 | ● | 3-7 | 太平洋 | 小坂 | 小坂 |
| 5/25 | 後楽園 | ● | 6-7 | ロッテ | 渡辺 | 渡辺 |
| 5/26 | 後楽園 | △ | 6-6 | ロッテ | 杉田 | — |
| | 後楽園 | ● | 6-15 | ロッテ | 森中 | 森中 |
| 5/27 | 後楽園 | ○ | 5-1 | ロッテ | 渡辺 | 渡辺 |
| 5/29 | 西京極 | ● | 8-10 | 阪急 | 杉田 | 渡辺 |

| 月日 | 球場 | 勝敗 | スコア | 対戦相手 | 先発投手 | 責任投手 |
|---|---|---|---|---|---|---|
| 5/30 | 西宮 | ○ | 9-7 | 阪急 | 宮崎 | 新美 |
| 5/31 | 西宮 | ○ | 4-2 | 阪急 | 杉田 | 高橋直 |
| 6/1 | 日生 | ● | 2-3 | 近鉄 | 金田 | 金田 |
| 6/2 | 日生 | ○ | 4-3 | 近鉄 | 渡辺 | 新美 |
| | 日生 | ● | 5-8 | 近鉄 | 新美 | 新美 |
| 6/3 | 日生 | △ | 11-11 | 近鉄 | 高橋 | — |
| 6/5 | 後楽園 | ● | 1-14 | 阪急 | 杉田 | 杉田 |
| 6/9 | 後楽園 | ● | 0-3 | 南海 | 金田 | 金田 |
| | 後楽園 | ○ | 5-0 | 南海 | 渡辺 | 渡辺 |
| 6/10 | 後楽園 | ○ | 8-7 | 南海 | 新美 | 高橋直 |
| 6/14 | 県宮城 | ● | 8-10 | ロッテ | 渡辺 | 渡辺 |
| 6/15 | 後楽園 | ● | 1-2 | 近鉄 | 新美 | 新美 |
| 6/16 | 後楽園 | ○ | 2-1 | 近鉄 | 渡辺 | 渡辺 |
| | 後楽園 | ○ | 1-0 | 近鉄 | 高橋直 | 高橋直 |
| 6/17 | 後楽園 | ● | 0-1 | 近鉄 | 金田 | 金田 |
| 6/19 | 後楽園 | ● | 3-4 | 太平洋 | 新美 | 渡辺 |
| 6/20 | 後楽園 | ● | 1-3 | 太平洋 | 高橋直 | 高橋直 |
| 6/21 | 後楽園 | ● | 2-4 | 太平洋 | 金田 | 金田 |
| 6/23 | 西宮 | ○ | 8-1 | 阪急 | 渡辺 | 渡辺 |
| 6/25 | 後楽園 | ● | 4-6 | 近鉄 | 金田 | 藤原 |
| 6/28 | 後楽園 | ● | 2-4 | 南海 | 渡辺 | 渡辺 |
| 6/29 | 後楽園 | ● | 0-4 | 南海 | 高橋直 | 高橋直 |
| 7/1 | 後楽園 | ○ | 3-2 | 阪急 | 金田 | 金田 |
| | 後楽園 | ● | 1-13 | 阪急 | 新美 | 新美 |
| 7/3 | 大阪 | ● | 3-4 | 南海 | 渡辺 | 渡辺 |
| 7/4 | 大阪 | ○ | 6-3 | 南海 | 高橋直 | 金田 |
| 7/5 | 大阪 | ○ | 3-0 | 南海 | 新美 | 新美 |
| 7/6 | 後楽園 | ● | 6-9 | 近鉄 | 森中 | 森中 |
| 7/7 | 後楽園 | ○ | 4-2 | 近鉄 | 渡辺 | 新美 |
| 7/10 | 神宮 | ● | 4-5 | ロッテ | 高橋直 | 新美 |
| 7/11 | 神宮 | ○ | 9-8 | ロッテ | 渡辺 | 江田 |
| 7/12 | 神宮 | ○ | 4-1 | ロッテ | 三浦 | 三浦 |

後期成績　30勝32敗3分け　勝率　.484　3位

| 月日 | 球場 | 勝敗 | スコア | 対戦相手 | 先発投手 | 責任投手 |
|---|---|---|---|---|---|---|
| 7/27 | 神宮 | ○ | 4-0 | ロッテ | 金田 | 金田 |
| 7/28 | 神宮 | ● | 3-9 | ロッテ | 高橋直 | 高橋直 |
| 7/31 | 西宮 | ● | 2-3 | 阪急 | 渡辺 | 渡辺 |
| 8/1 | 西宮 | ● | 3-5 | 阪急 | 金田 | 金田 |
| 8/2 | 西宮 | ○ | 6-5 | 阪急 | 新美 | 三浦 |
| 8/4 | 県宮城 | ● | 5-8 | ロッテ | 金田 | 金田 |
| 8/7 | 大阪 | ● | 5-6 | 南海 | 渡辺 | 山崎 |
| 8/8 | 大阪 | ● | 3-5 | 南海 | 金田 | 金田 |
| 8/9 | 大阪 | ● | 5-7 | 南海 | 新美 | 新美 |
| 8/10 | 神宮 | ○ | 6-4 | 阪急 | 高橋直 | 高橋直 |
| 8/11 | 神宮 | ● | 2-3 | 阪急 | 三浦 | 金田 |
|  | 神宮 | ● | 0-1 | 阪急 | 渡辺 | 渡辺 |
| 8/12 | 神宮 | ● | 3-4 | 阪急 | 新美 | 金田 |
| 8/17 | 平和台 | ○ | 4-2 | 太平洋 | 高橋直 | 高橋直 |
| 8/18 | 平和台 | ○ | 4-2 | 太平洋 | 三浦 | 金田 |
|  | 平和台 | ○ | 9-3 | 太平洋 | 渡辺 | 渡辺 |
| 8/19 | 平和台 | ○ | 7-2 | 太平洋 | 新美 | 新美 |
| 8/21 | 後楽園 | ○ | 8-5 | 南海 | 高橋直 | 高橋直 |
| 8/22 | 後楽園 | ○ | 8-2 | 南海 | 渡辺 | 三浦 |
| 8/23 | 後楽園 | ● | 3-5 | 南海 | 新美 | 金田 |
| 8/24 | 後楽園 | ○ | 3-2 | 太平洋 | 渡辺 | 渡辺 |
| 8/26 | 後楽園 | ● | 2-6 | 太平洋 | 金田 | 金田 |
|  | 後楽園 | ○ | 7-2 | 太平洋 | 高橋直 | 高橋直 |
| 8/28 | 神宮 | ○ | 3-0 | 近鉄 | 渡辺 | 渡辺 |
| 8/29 | 神宮 | ○ | 8-1 | 近鉄 | 新美 | 新美 |
| 8/30 | 神宮 | ○ | 5-4 | 近鉄 | 高橋直 | 三浦 |
| 8/31 | 川崎 | ○ | 1-0 | ロッテ | 森中 | 森中 |
| 9/1 | 川崎 | ● | 2-5 | ロッテ | 三浦 | 三浦 |
| 9/2 | 川崎 | ● | 0-4 | ロッテ | 渡辺 | 渡辺 |
|  | 川崎 | ○ | 2-1 | ロッテ | 新美 | 新美 |
| 9/4 | 後楽園 | ● | 0-1 | 阪急 | 高橋直 | 高橋直 |
| 9/6 | 後楽園 | ● | 1-2 | 阪急 | 森中 | 中原勇 |
| 9/7 | 後楽園 | ○ | 8-1 | 近鉄 | 渡辺 | 渡辺 |

| 月日 | 球場 | 勝敗 | スコア | 対戦相手 | 先発投手 | 責任投手 |
|---|---|---|---|---|---|---|
| 9/8 | 後楽園 | ● | 2-3 | 近鉄 | 新美 | 新美 |
| 9/9 | 後楽園 | ● | 1-4 | 近鉄 | 高橋直 | 高橋直 |
| 9/11 | 大阪 | ● | 6-10 | 南海 | 新美 | 新美 |
| 9/12 | 大阪 | ● | 7-9 | 南海 | 渡辺 | 渡辺 |
| 9/14 | 日生 | ○ | 3-1 | 近鉄 | 高橋直 | 高橋直 |
| 9/15 | 日生 | ○ | 4-0 | 近鉄 | 渡辺 | 渡辺 |
| 9/16 | 日生 | ● | 2-6 | 近鉄 | 新美 | 新美 |
|  | 日生 | ○ | 6-3 | 近鉄 | 森中 | 森中 |
| 9/19 | 後楽園 | ○ | 5-2 | 太平洋 | 高橋直 | 高橋直 |
| 9/20 | 後楽園 | ○ | 4-3 | 太平洋 | 渡辺 | 新美 |
| 9/23 | 後楽園 | ● | 2-6 | 南海 | 森中 | 森中 |
| 9/24 | 西京極 | ○ | 7-0 | 阪急 | 高橋直 | 高橋直 |
| 9/25 | 西宮 | △ | 6-6 | 阪急 | 渡辺 | — |
| 9/26 | 西宮 | ○ | 7-2 | 阪急 | 三浦 | 三浦 |
| 9/28 | 平和台 | ● | 0-4 | 太平洋 | 高橋直 | 高橋直 |
| 9/30 | 藤崎台 | ● | 0-5 | 太平洋 | 新美 | 新美 |
| 10/2 | 後楽園 | ○ | 8-1 | ロッテ | 森中 | 森中 |
| 10/3 | 後楽園 | ● | 1-8 | ロッテ | 三浦 | 三浦 |
|  | 後楽園 | △ | 4-4 | ロッテ | 新美 | — |
| 10/4 | 後楽園 | ● | 5-6 | ロッテ | 渡辺 | 新美 |
| 10/6 | 後楽園 | ● | 2-5 | 南海 | 高橋直 | 高橋直 |
| 10/9 | 日生 | ○ | 6-5 | 近鉄 | 渡辺 | 新美 |
| 10/10 | 日生 | ○ | 3-0 | 近鉄 | 高橋直 | 高橋直 |
|  | 日生 | ● | 0-3 | 近鉄 | 森中 | 森中 |
| 10/11 | 大阪 | ● | 3-4 | 南海 | 新美 | 渡辺 |
| 10/12 | 大阪 | ● | 2-7 | 南海 | 渡辺 | 宮崎 |
|  | 大阪 | ● | 2-3 | 南海 | 新美 | 新美 |
| 10/13 | 後楽園 | ○ | 1-0 | 太平洋 | 高橋直 | 高橋直 |
|  | 後楽園 | ● | 4-6 | 太平洋 | 森中 | 三浦 |
| 10/14 | 後楽園 | ○ | 7-4 | 阪急 | 渡辺 | 三浦 |
| 10/16 | 草薙 | △ | 7-7 | ロッテ | 山崎 | — |
|  | 草薙 | ○ | 4-2 | ロッテ | 新美 | 新美 |

※県宮城＝県営宮城　藤崎台＝熊本藤崎台県営　草薙＝静岡県営草薙

## 一九七三年パ・リーグ順位表

### 前期成績

| 順位 | 球　団 | 試 合 | 勝 利 | 敗 北 | 引 分 | 勝 率 |
|---|---|---|---|---|---|---|
| 1 | 南　海 | 65 | 38 | 26 | 1 | .594 |
| 2 | ロッテ | 65 | 35 | 27 | 3 | .565 |
| 3 | 阪　急 | 65 | 34 | 29 | 2 | .540 |
| 4 | 太平洋 | 65 | 32 | 30 | 3 | .516 |
| 5 | 日　拓 | 65 | 25 | 37 | 3 | .403 |
| 6 | 近　鉄 | 65 | 23 | 38 | 4 | .377 |

### 後期成績

| 順位 | 球　団 | 試 合 | 勝 利 | 敗 北 | 引 分 | 勝 率 |
|---|---|---|---|---|---|---|
| 1 | 阪　急 | 65 | 43 | 19 | 3 | .694 |
| 2 | ロッテ | 65 | 35 | 22 | 8 | .614 |
| 3 | 南　海 | 65 | 30 | 32 | 3 | .484 |
| 3 | 日　拓 | 65 | 30 | 32 | 3 | .484 |
| 5 | 太平洋 | 65 | 27 | 34 | 4 | .443 |
| 6 | 近　鉄 | 65 | 19 | 45 | 1 | .297 |

### 年間通算成績

| 順位 | 球　団 | 試 合 | 勝 利 | 敗 北 | 引 分 | 勝 率 |
|---|---|---|---|---|---|---|
| 1 | 南　海 | 130 | 68 | 58 | 4 | .540 |
| 2 | 阪　急 | 130 | 77 | 48 | 5 | .616 |
| 3 | ロッテ | 130 | 70 | 49 | 11 | .588 |
| 4 | 太平洋 | 130 | 59 | 64 | 7 | .480 |
| 5 | 日　拓 | 130 | 55 | 69 | 6 | .444 |
| 6 | 近　鉄 | 130 | 42 | 83 | 5 | .336 |

※阪急とのプレーオフの結果、３勝２敗で南海が優勝。
　巨人との日本シリーズは、４勝１敗で巨人が日本一に。

## 【主要参考文献】

《東映関連》
『この一番の人生』（大川博／実業之日本社）
『ディズニーを目指した男　大川博』（津堅信之／日本評論社）
『映画界のドン　岡田茂の活動屋人生』（文化通信社編著／ヤマハミュージックメディア）
『波瀾万丈の映画人生　岡田茂自伝』（岡田茂／角川書店）
『悔いなきわが映画人生』（岡田茂／財界研究所）
『背番号のない男　東映フライヤーズ風雲録』（石原春夫／現代ブック社）
『球団代表として風雲20年　続背番号のない男の証言』（石原春夫／世紀社出版）
『あかんやつら　東映京都撮影所血風録』（春日太一／文春文庫）
『野球小僧』（2007年6月号／白夜書房）
『東映フライヤーズ　あゝ駒沢の暴れん坊』（越智正典／ベースボール・マガジン社）
『東映フライヤーズ全史　よみがえる〝暴れん坊たち〟の熱い記憶』（ベースボール・マガジン社）

《日本ハム関連》
『私の履歴書　経済人22』（日本経済新聞社編／日本経済新聞社）

《選手関連》
『わが野球人生』（水原茂／恒文社）
『サムライたちのプロ野球』（大杉勝男／徳間書店）
『金田留広のオレは金田ファミリーの駄々っ子だ』（金田留広／都市と生活社）

《その他》
『昭和プロ野球を彩った「球場」物語』（佐野正幸／宝島社）
『パ・リーグ激動の昭和48年』（佐野正幸／日刊スポーツ出版社）
『波瀾興亡の球譜　失われたライオンズ史を求めて』（坂井保之／ベースボール・マガジン社）
『南海ホークスがあったころ』（永井良和・橋爪紳也／紀伊國屋書店）
『東京スタジアムがあった　永田雅一、オリオンズの夢』（澤宮優／河出書房新社）
『最弱球団　高橋ユニオンズ青春記』（長谷川晶一／彩図社文庫）
『極貧球団　波瀾の福岡ライオンズ』（長谷川晶一／日刊スポーツ出版社）
『欠陥住宅　幻のマイホーム』（竹内直一編著／現代評論社）
『悪党の手口　小説・日本熱学倒産事件』（牛田正郎／イースト・プレス）
『ファイターズ全史　東京から北海道へ――』（ベースボール・マガジン社）
『週刊プロ野球セ・パ誕生60年』（ベースボール・マガジン社）
『日本プロ野球80年史　1934―2014』（ベースボール・マガジン社）
『オフィシャル・ベースボール・ガイド　プロ野球年鑑1974』（プロフェッショナル・ベースボールコミッショナー編／共同通信社）

虹《にじ》色《いろ》球《きゅう》団《だん》
日拓《にったく》ホームフライヤーズの10カ月《げつ》
2019年3月20日　第1刷発行
2019年4月20日　第2刷発行

著者
長谷川晶一《はせがわしょういち》

発行者
富澤凡子

発行所
柏書房株式会社
東京都文京区本郷2-15-13（〒113-0033）
電話（03）3830-1891［営業］
（03）3830-1894［編集］

DTP
株式会社キャップス

印刷・製本
中央精版印刷株式会社


ISBN978-4-7601-5072-4